哈佛学生

智趣游戏

思维拓展

主　　编：博　尔

编委会主任：朱艳锋

编　　委：陆　爽　张丹丹　张亚娟　田晓明　徐　琰　栗克玲

重庆出版集团 ⬤ 重庆出版社

图书在版编目（CIP）数据

思维拓展 / 博尔主编 . —重庆 : 重庆出版社 , 2014. 10 （2018.10重印）
 ISBN 978–7–229–08789–0

Ⅰ . ①思⋯ Ⅱ . ①博⋯ Ⅲ . ①智力游戏 – 儿童读物 Ⅳ . ① G898.2

中国版本图书馆 CIP 数据核字 (2014) 第 236191 号

思维拓展

博尔　主编

出　版　人：罗小卫
责任编辑：郭　亮
装帧设计：文　利

 重庆出版集团
重庆出版社　出版、发行

重庆长江二路 205 号　邮政编码：400016　http://www.cqph.com
郑州瑞特彩印有限公司印刷
全国新华书店经销

开本：1000mm×710mm　1/16　印张：12　字数：116 千
2014 年 10 月第 1 版　2018年10月第2次印刷
 ISBN 978–7–229–08789–0
定价：22.00 元

如发现质量问题，请与我们联系：（010）52464663

内容简介

亲爱的小朋友，你希望自己是个聪明的孩子吗？

或许在我们做了错事的时候，妈妈会"骂"我们是"笨孩子"，我们的学习成绩总是赶不上那些"聪明"的同学……

聪明不是天生的，聪明的同学都有使自己聪明的"秘密"，《哈佛学生喜欢玩的智趣游戏》希望能帮助你找到"使自己"聪明的"秘密"！

《思维拓展》是《哈佛学生喜欢玩的智趣游戏》的第三部，它包括"魔法手指"、"天才妙算"、"火眼金睛"、"思维滑翔"四个部分。每个部分通过设置许多极富妙思、妙趣的问题，帮助同学们打破思维的枷锁，开拓思路，优化思维。

动手动脑是我们取得好的学习成绩的基础，在"魔法手指"篇里，同学们需要亲自动手，解决一些问题，相信你，可以的！

在"天才妙算"篇里，同学们会遇到许多学校里没有遇到过的"新问题"，它们将考验你的思维和反应能力，相信你，只要认真思考，一定能做到！

发现问题、解决问题是好学生的特点。在"火眼金睛"篇里，同学们会看到生活中许多有趣的现象，比如"小狗的影子"、"两排房子"等，掌握观察、思考问题的方法，一定能够帮助你解决遇到的问题。

乐于学习的你，一定喜欢思考，在"思维滑翔"篇里，同学们会"碰"到许多有趣的思维题，它们将带着你在思维的天空里自由滑翔，你一定很"酷"！

亲爱的同学，本套《哈佛学生喜欢玩的智趣游戏》是你最好的伙伴，相信你读过这三本书之后，你的学习水平一定会提高，你的头脑一定会变得更加聪明！

目 录

威廉斯创造力倾向测量表

这是一份帮助你了解自己的创造力的测试，每一道题凭你的第一感觉作答，每一道题只选一个答案。

1. 在学校里，我喜欢试着对事情或问题的结果进行猜测，即使不一定猜对也无所谓
   A. 完全符合我的情况　B. 部分符合我的情况　C. 不符合我的情况
2. 我喜欢仔细观察我没有看过的东西，以了解详细的情形
   A. 完全符合我的情况　B. 部分符合我的情况　C. 不符合我的情况
3. 我喜欢听变化多端和富有想象力的故事
   A. 完全符合我的情况　B. 部分符合我的情况　C. 不符合我的情况
4. 画图时我喜欢临摹别人的作品
   A. 完全符合我的情况　B. 部分符合我的情况　C. 不符合我的情况
5. 我喜欢利用旧报纸，旧日历以及旧罐头等废物来做成各种好玩的东西
   A. 完全符合我的情况　B. 部分符合我的情况　C. 不符合我的情况
6. 我喜欢幻想一些我想知道或想做的事
   A. 完全符合我的情况　B. 部分符合我的情况　C. 不符合我的情况
7. 如果事情不能一次完成，我会继续尝试，直到完成为止
   A. 完全符合我的情况　B. 部分符合我的情况　C. 不符合我的情况
8. 做功课时我喜欢参考各种不同的资料，以便得到多方面的了解
   A. 完全符合我的情况　B. 部分符合我的情况　C. 不符合我的情况
9. 我喜欢用相同的方法做事情，不喜欢去找其他的新的方法
   A. 完全符合我的情况　B. 部分符合我的情况　C. 不符合我的情况
10. 我喜欢探究事情的真假
    A. 完全符合我的情况　B. 部分符合我的情况　C. 不符合我的情况
11. 我喜欢做许多新鲜的事
    A. 完全符合我的情况　B. 部分符合我的情况　C. 不符合我的情况

12. 我不喜欢交新朋友
   A. 完全符合我的情况   B. 部分符合我的情况   C. 不符合我的情况

13. 我喜欢想一些不会在我身上发生的事
   A. 完全符合我的情况   B. 部分符合我的情况   C. 不符合我的情况

14. 我喜欢想象有一天能成为艺术家、音乐家或诗人
   A. 完全符合我的情况   B. 部分符合我的情况   C. 不符合我的情况

15. 我会因为一些令人兴奋的念头而忘记了做其他的事
   A. 完全符合我的情况   B. 部分符合我的情况   C. 不符合我的情况

16. 我宁愿生活在太空站，也不愿生活在地球上
   A. 完全符合我的情况   B. 部分符合我的情况   C. 不符合我的情况

17. 我认为所有的问题都有固定的答案
   A. 完全符合我的情况   B. 部分符合我的情况   C. 不符合我的情况

18. 我喜欢与众不同的事情
   A. 完全符合我的情况   B. 部分符合我的情况   C. 不符合我的情况

19. 我经常想知道别人正在做什么
   A. 完全符合我的情况   B. 部分符合我的情况   C. 不符合我的情况

20. 我喜欢故事或电视剧中所描写的事情
   A. 完全符合我的情况   B. 部分符合我的情况   C. 不符合我的情况

21. 我喜欢和朋友在一起，和他们分享我的想法
   A. 完全符合我的情况   B. 部分符合我的情况   C. 不符合我的情况

22. 如果一本故事书的最后一页被撕掉了，我就自己编造一个故事，把
   结局补上去
   A. 完全符合我的情况   B. 部分符合我的情况   C. 不符合我的情况

23. 我长大以后，想做一些别人从没想过的事
   A. 完全符合我的情况   B. 部分符合我的情况   C. 不符合我的情况

24. 尝试新的游戏和活动是一件有趣的事
   A. 完全符合我的情况   B. 部分符合我的情况   C. 不符合我的情况

25. 我不喜欢受太多的规则限制
   A. 完全符合我的情况   B. 部分符合我的情况   C. 不符合我的情况

26. 我喜欢解决问题，即使没有正确的答案也没关系
   A. 完全符合我的情况   B. 部分符合我的情况   C. 不符合我的情况

27. 有许多事情我都很想亲自去尝试
   A. 完全符合我的情况   B. 部分符合我的情况   C. 不符合我的情况

28. 我喜欢没有人知道的新歌
    A. 完全符合我的情况　　B. 部分符合我的情况　　C. 不符合我的情况

29. 我不喜欢在同学面前发表意见
    A. 完全符合我的情况　　B. 部分符合我的情况　　C. 不符合我的情况

30. 当我读小说或看电视时，我喜欢把自己想象成故事里的人物
    A. 完全符合我的情况　　B. 部分符合我的情况　　C. 不符合我的情况

31. 我喜欢幻想 200 年前人类生活的情形
    A. 完全符合我的情况　　B. 部分符合我的情况　　C. 不符合我的情况

32. 我常想自己编一首新歌
    A. 完全符合我的情况　　B. 部分符合我的情况　　C. 不符合我的情况

33. 我喜欢翻箱倒柜，看看有些什么东西在里面
    A. 完全符合我的情况　　B. 部分符合我的情况　　C. 不符合我的情况

34. 画图时，我很喜欢改变各种东西的颜色和形状
    A. 完全符合我的情况　　B. 部分符合我的情况　　C. 不符合我的情况

35. 我不敢确定我对事情的看法都是对的
    A. 完全符合我的情况　　B. 部分符合我的情况　　C. 不符合我的情况

36. 对于一件事情先猜猜看，然后再看是不是猜对了，这种方法很有趣
    A. 完全符合我的情况　　B. 部分符合我的情况　　C. 不符合我的情况

37. 玩猜谜之类的游戏很有趣，因为我想知道结果如何
    A. 完全符合我的情况　　B. 部分符合我的情况　　C. 不符合我的情况

38. 我对机器有兴趣，也很想知道它里面是什么样子，以及它是怎样转动的
    A. 完全符合我的情况　　B. 部分符合我的情况　　C. 不符合我的情况

39. 我喜欢可以拆开来玩的玩具
    A. 完全符合我的情况　　B. 部分符合我的情况　　C. 不符合我的情况

40. 我喜欢想一些点子，即使用不上也无所谓
    A. 完全符合我的情况　　B. 部分符合我的情况　　C. 不符合我的情况

41. 一篇好的文章应该包含许多不同的意见和观点
    A. 完全符合我的情况　　B. 部分符合我的情况　　C. 不符合我的情况

42. 为将来可能发生的问题找答案，是一件令人兴奋的事
    A. 完全符合我的情况　　B. 部分符合我的情况　　C. 不符合我的情况

43. 我喜欢尝试新的事情，目的只是想知道会有什么结果
    A. 完全符合我的情况　　B. 部分符合我的情况　　C. 不符合我的情况

44. 玩游戏时，我通常根据自己的兴趣选择是否参加，而不在乎输赢
    A. 完全符合我的情况　　B. 部分符合我的情况　　C. 不符合我的情况

45. 我喜欢想一些别人常常谈过的事情
    A. 完全符合我的情况　　B. 部分符合我的情况　　C. 不符合我的情况

46. 当我看到一张陌生人的照片时，我喜欢去猜测他是怎样的一个人
    A. 完全符合我的情况　　B. 部分符合我的情况　　C. 不符合我的情况

47. 我喜欢翻阅书籍及杂志，但只想大致了解一下
    A. 完全符合我的情况　　B. 部分符合我的情况　　C. 不符合我的情况

48. 我不喜欢探寻事情发生的各种原因
    A. 完全符合我的情况　　B. 部分符合我的情况　　C. 不符合我的情况

49. 我喜欢问一些别人没有想到的问题
    A. 完全符合我的情况　　B. 部分符合我的情况　　C. 不符合我的情况

50. 无论在家里还是在学校，我总是喜欢做许多有趣的事
    A. 完全符合我的情况　　B. 部分符合我的情况　　C. 不符合我的情况

评分方法：

　　测试后可得四项分数，加上总分，可得五项分数。分数越高，创造力水平越高。正向题目：完全符合3分，部分符合2分，完全不符合1分；反向题目：完全符合1分，部分符合2分，完全不符合3分。

　　冒险性：包括1，5，21，24，25，28，29，35，36，43，44等11题。其中29，35为反向题目。

　　好奇性：包括2，8，11，12，19，27，32，34，37，38，39，47，48，49等14题。其中12，48为反向题目。

　　想象力：包括6，13，14，1，20，22，23，30，31，32，40，45，46等13题。其中45题为反向题目。

　　挑战性：包括3，4，7，9，10，15，17，18，26，41，42，50等12道题。

魔法手指篇

001. 最少的纸

妮娜的爱好很广泛，最近又迷上了折纸，她从老师那里学到了很多折纸的方法。但是妮娜已经对折小动物没有兴趣了，她这两天最感兴趣的是折图形。那么有没有人可以告诉妮娜，最少需要多少张正方形的纸叠在一起，才能组合成右面的图形呢？

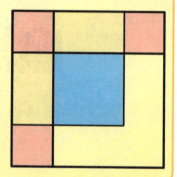

002. 埃利的硬币

埃利有一个漂亮的存钱罐，他的好朋友约翰尼喜欢这个存钱罐，埃利决定出题考考他，如果答对问题就把存钱罐送给他。埃利要求约翰尼把10枚硬币排成"十"字形，并且无论横着还是竖着都是6个。在约翰尼做出来之前，先试试看你能不能做到吧！

003. 巧切字母

吉姆和露西在玩橡皮泥，露西用橡皮泥捏出了一个立起的字母"U"，她知道吉姆非常聪明，就问吉姆，要用两刀将这个字母切成6块，该怎么切？吉姆皱着眉头想了想，很快就切出了6块。你知道吉姆是怎么做到的吗？

004. 魔法木棒

小汤姆一直哭个不停，爸爸为了逗他开心，拿出了一些木棒做游戏。爸爸在桌子上用木棒摆出了一座小房子的图案，小汤姆非常喜欢！爸爸又告诉小汤姆，他现在只需移动一根木棒，房子的朝向就会改变，你知道爸爸是怎么做到的吗？快动手试试吧！

005. 有趣的语文课

今天的语文课非常有趣，老师给每个人发了一张答题纸，可是同学们发现纸上只有一个"二"字。老师告诉大家，现在要在这个"二"字上加上两笔，使其变成另外一个字，写出的字越多越好。你也和同学们一起试试吧！

006. 美丽的菜园

罗伊家里有一片美丽的菜园，他在菜园里种了9种蔬菜，形状都是一样的。罗伊想做4个圆形篱笆，将这9片菜地分割开。现在罗伊拿来了他菜园的平面图，需要我们帮他想想办法。聪明的孩子，动动脑筋想想吧！

3

007. 盒子里的水果

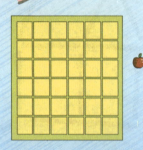

　　家里有一箱水果，为了防止碰撞，箱子里面的水果都是放在格子状的小盒子里的（如图所示）。等水果快要吃完了，爸爸拿出剩下的水果，指着箱子对艾瑞克说："现在要你将这些水果放入格子里面，要保证盒子中横竖斜每行的水果都不超过两个。"艾瑞克被难住了。聪明的小朋友，你知道该怎么放吗？

008. 动物园的小路

　　动物园里养了4头凶猛的狮子，它们住在一个大院子里。这4头狮子只要碰面就互相撕咬，为此管理员要重新设计它们的出行通道。右图是这4头狮子的小房子，它们要到达对面的出口，必须经过另一座房子。请画出它们从出口到房子的路线，确保它们在回各自房子的时候不会碰面。

009. 画线条

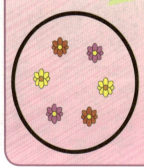

　　大家在考试中都做过连线题，今天我们要做的是将相同颜色的花朵连接起来。或许你觉得这太容易了，可是我要告诉你，这道题不仅要你画出正确连线，还要是不相交的线，每朵花的背后只能经过一条线。你可以做到吗？

010. 让椅子倒立

美术课上，老师要同学们用铅笔来画简笔画。摩西画了一把椅子，同桌小林顿趁着摩西不注意的时候，擦掉了两根线条，将这两根线条移到另一个地方，这样椅子看起来倒立过来了。看看右面的图，你知道林顿怎么做到的吗？

011. 划分图形

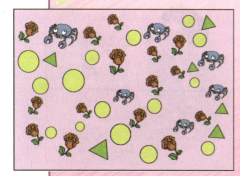

仔细观察这幅图，图中有6只螃蟹、6个三角形，15个圆和15个花朵。现在需要画出3条直线将这幅图划为6个部分，每一个部分中都要有一只螃蟹、一个三角形以及5个以下的圆和花朵。聪明的小朋友，你知道该怎么画吗？快动手试试吧！

012. 一笔作画

很多图形我们都可以一笔将它们画出来，比如一个正方形、一个圆形、一个三角形。可是下面要你画的可不止一个简单的图形哦！看看右面的图形，你能一笔将它们画出来吗？路线不可以重复。

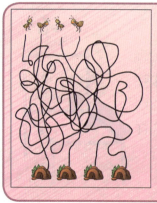

013. 小蚂蚁找家

有4只小蚂蚁爬出蚂蚁洞去寻找食物，可是他们走着走着都迷路了。小蚂蚁们不知道该怎么回去，也不知道下面的4个洞口哪一个是它们自己的。我们根据路线，帮这4只小蚂蚁找到它们各自的洞口吧！

014. 火柴游戏

小罗斯和小杰西在玩火柴棒游戏。小罗斯用12根火柴排成了一个井字，他对杰西说："你能只移动6根火柴，就将这个'井'字变成两个'口'字吗？如果你能做到，我就答应为你做一件事。"小杰西皱起了眉！聪明的小朋友，你知道怎么移动吗？

015. 涂色游戏

右面这幅图没有任何颜色，但是这些纠结的线条里其实隐藏着4幅图画。找出这幅图里的所有三角形，然后将它们全部涂上颜色，你会发现什么图画呢？这道题不是那么简单，一定要仔细辨认，耐心一点哟。

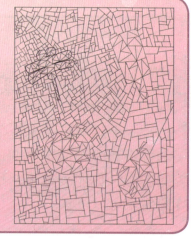

016. 哪一根线

珍妮画了一幅漂亮的七彩虹，画成之后，她灵机一动在彩虹下面画了一片绿色遮片。在绿色遮片下面，我们可以看到一条弧线，这条弧线其实和彩虹中的一条线可以组成一个圆圈。如果不允许你动笔画的话，你能看出彩虹中的哪一条线和这条弧线构成圆圈吗？

017. 剪出正方形

汉娜喜欢玩剪纸，她用剪刀在一张纸上剪出了一个"中"字。现在，她想在这个"中"字纸片上再剪两刀，看能不能用剪出的几张纸重新拼出一个正方形。她已经开始操作了，你也来想一想吧。

018. 彩色星星

乔治家里挂着一幅奇怪的星星图片。在这幅图片中，我们可以看到许多彩色的星星，它们分布在白色网格中。乔治用这幅图片给我们出了一道难题，他要求我们沿着白色网格线将相同颜色的星星连接起来，但是各条线又不能相交，你能做到吗？

019. 迷路的小朋友

一天，几个小朋友在回家的途中迷路了。城市的道路错综复杂，他们的路线不能重复，你能帮这些小朋友找到他们各自的家吗？

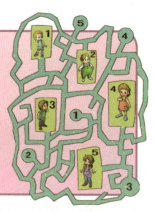

020. 水管带来的烦恼

玛丽和维尼在院子里玩耍，她们不小心将院子里放着的几条水管缠在了自己身上。这其中有一条水管把她们连在了一起，其他水管虽然互相之间穿过但是并不相接。你能把唯一的那条连着玛丽和维尼的水管找出来吗？

021. 穿越迷宫

乌龟要爬行前进，穿过这群鱼走过下面这个迷宫。它可以向上、向下，也可以向左、向右，但不能斜向移动。前进的规则是，下一条鱼必须与前一条鱼的颜色或形状相同，它才可以选择前进。现在，从左上角的红色鱼开始，乌龟要怎样才能到达右下角最后那条绿色鱼那里，从而穿过整个迷宫？这道题并不难，但需要你看仔细才行哟。

022. 老鼠维克的路

老鼠维克准备通过地下管道去吃放在右下角管道的那块奶酪，在途中的众多管道中，只有一条管道可以到达。看看左图，你能沿着上下交叠的管道帮维克找到那条通往奶酪的路线吗？

023. 翻转三角形

右图是10个大小相同的象棋棋子，它们组成了一个三角形。怎样移动其中的3个棋子，就能把这个三角形给翻转过来？好好想一想吧，你会有办法的。

024. 木板变变变

瓦利是一个木工，他需要用3块大小相同的木板给一处公园安装3道门。木板的形状很特别，正面看像一个花瓶一样。所以第一道门，他便给公园安装了一个"花瓶门"，没有改换木板的形状。但接下来他要为公园做一个长方形和正方形的门，同样用原来的木板，你知道他该怎么做吗？

025. 解救蝴蝶

一只美丽的蝴蝶被蜘蛛网粘住了，周围还有许多已经成为空壳的小苍蝇。为了解救这只蝴蝶，我们要赶在蜘蛛到达之前行动，沿着蜘蛛网一圈圈地绕下去，到达蝴蝶所在的中心。要留意的是苍蝇所在的地方都是死角，所以要选择正确的路线。快点出发吧！

026. 青蛙过马路

一只小青蛙卡迪遭到天敌黑蛇的追捕，它慌忙逃跑，但是前面的路好复杂啊，一不小心就会走入死胡同。要怎么样才能到达对面的池塘里呢？请给它选择一条安全路线吧。

027. 建房子

保罗喜欢画画，一天他画了一间平房子。现在他想把平房子变成两层高的楼房，如果他不再添加任何东西，能做到吗？

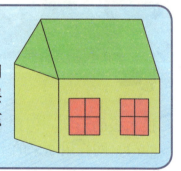

028. 损坏的风筝

卡特去放风筝，却遭遇到大风，风筝被挂在了树枝上。卡特费了好大一番劲才把风筝从树枝上弄下来，可是风筝已经被弄坏了，各部分已经展现在左图之中。那么，你能帮助卡特把风筝重新修好吗？

029. 不安分的动物

最近大围栏里的动物又不安分了。公鸡说松鼠偷吃了它的大米，兔子说公鸡拿走了它心爱的萝卜，花猫说兔子吃掉了它心爱的排骨，小狗说花猫抢占了它的地盘，小猪说小狗整天打扰它午休，鹦鹉说松鼠偷走了它的松仁……它们整天吵吵嚷嚷闹个不停。这天，村长山羊走出来了，它看着大家，沉思了一会儿，就在大围栏里建了两个围栏，然后把所有的动物都给分开了。动物们再也不闹矛盾了，你知道山羊村长是怎么修建围栏的吗？

030. 变数字游戏

现在有8颗纽扣，每颗纽扣上都贴有数字。这8颗纽扣摆成了一个"工"字，如果要把"工"字变成"口"字，应该怎么移动呢？要求每步只能移动一颗纽扣，且不能打乱其他纽扣的位置。当这枚纽扣移动到新位置后，它必须和另外的两枚纽扣相接触。

031. 昆虫的房间

丽萨有19只昆虫的标本，其中有17只已经被分配在下面的图形中了，每只昆虫都在不同的房间里。现在她又得到了两只昆虫，丽萨必须要改变房间的设计，把这19只昆虫全都放在不同的房间里，你能帮助她吗？

032. 偶数星星

爸爸拿出16枚小星星，并把它们全都放在方格中，如右图所示。然后，他让杰比从中拿走6枚星星，使每行和每列剩下的星星都是偶数。小朋友，你知道怎么做吗？

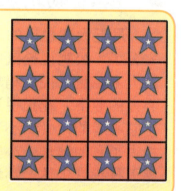

033. 分十字形

"露西，你能把这个十字形分成4个部分吗？"艾比对同学露西说道。露西看着艾比用彩纸粘贴在一起的十字，说："这很简单。还有什么要求吗？"艾比想了下说："有！那就是分成的4个部分能重新组成一个正方形，你能做到吗？"露西说："让我做给你看！"那么，你可以做到吗？

034. 连出五角星

老师在一张长条纸上画了5个点，让大家将这5个点连成一个五角星。可是，这5个点在纸的两端，要怎么连才能连出五角星呢？所有的学生都没有做出这道题，你知道怎么做吗？是不是老师故意刁难学生呢？

035. 放水果

超市的水果区要重新摆放水果，现在有橘子、香蕉、苹果、西瓜、哈密瓜这5种水果，需要放到右面的这些格子中。但是在这些格子中，每行每列和对角线所包含的水果种类不能重复。你知道该怎么摆放吗？

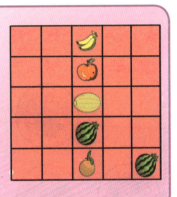

036. 找交点组图形

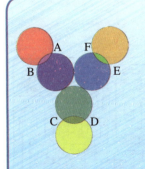

左面有3组两个相交的圆，要分别找出每组圆的交点，然后把这些交点连起来，能组成什么图形呢？

037. 旋转的小鸭子

艾米莉把一个正五边形和正方形拼接在了一起，然后她在这个新拼成的图形上画了一个小鸭子，如图所示。现在，如果把五边形逆时针旋转，正方形顺时针旋转，始终保持两个图形各有一条边相接。那么两个图形各要旋转多少圈，才能恢复小鸭子的形状呢？

038. 一样多的面包

现在有5个大小一样的面包，要在第三个面包的A点处画上一条直线，并用刀沿着直线切开，把这5个面包分成相同的两部分。请问该怎么分？

A

039. 回家的路

小矮人在森林里迷路了，他要怎么选择路线，才能安全回到家里呢？你来帮帮他吧。

040. 转换图形

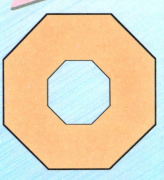

艾拉用彩色纸剪了一个大的八边形，但是她又在里面剪掉了一个小八边形。现在，她想先把这个图形变成8个相等的三角形，等她把这8个三角形做出来后，她又突发奇想，能不能把这8个三角形组成一个八角星，而且中间还是一个八边形孔呢？你来试试看。

041. 火柴堆

有3堆火柴，第一堆有火柴22根，第二堆有火柴14根，第三堆有火柴12根。你要做的是移动火柴，使每一堆火柴里面留下16根。要求每次将火柴添加到任意其他火柴堆的数目与该堆火柴的数目相等。例如，如果这堆火柴有12根，那么你只能拿12根火柴加上去，只准移动3次，你能完成吗？

042. 生日蛋糕

今天是凯尔12岁的生日，妈妈早早地就去为凯尔买了一个漂亮的生日蛋糕。家里面总共来了7个小朋友，算上凯尔共是8个孩子。妈妈对凯尔说："凯尔，今天我们有8个人来分吃这个蛋糕，你有没有办法只切3刀，就把蛋糕分成8份呢？"这怎么可能难倒聪明的凯尔呢，你知道他是怎么切的吗？

043. 连接小红花

露西对与小红花有关的东西都很感兴趣。一天，她翻开了一本书，看到了这样一道题："只用6条直线，将下面的16朵小红花全部连接起来。"露西做了半天，也没做出来。你知道该怎么连吗？

044. 连成四边形

安琪有许多一样大小的小蘑菇钉。一天，爸爸把小蘑菇钉排成1个3×3的图形，他让安琪在每个小图形上连出不同的四边形。至少有16种连法呢，你能画出来吗？

045. 摆火柴游戏

摆火柴的游戏，很多人都已经很熟悉了。现在我们不妨再来考考大家的动手能力吧。给你9根火柴，你会不会用它们拼出6个正方形和4个三角形呢？快点动手试一下吧。

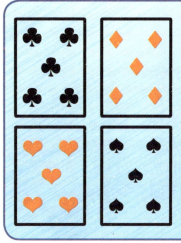

046. 扑克牌点

好久没玩扑克了，让我们来用扑克牌做这样的一个小游戏吧。

从一副扑克牌中挑出4张5，然后把它们正面放在桌子上，你如何使4张牌上的20个牌点只显示出16个呢？

聪明的朋友，你可以做到吗？

047. 挪动木棒

右面的罗马等式是由木棒摆放而形成的，很明显等式都不成立。现在要求只挪动其中的一根木棒就让等式成立，你可以做到吗？

$$| - ||| = ||$$

$$||| - || = |V$$

048. 梯形

如右图所示，这个梯形是由23根火柴摆放出来的，它是一个正立放置的梯形。如果让你移动最少的火柴，怎么可以做到将这个梯形倒置呢？好好看一看，不要着急。

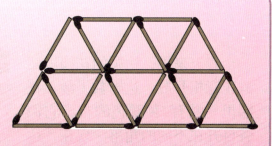

049. 挂气球

圣诞节来了，史密斯一家开始装扮圣诞树，家里面只有红色气球和黄色气球，他们就把这两种气球挂到圣诞树上。当挂完树下面的气球时，史密斯发现他们无意间把气球挂得有一定的规律，这让他非常高兴。你能找出这个规律来吗？剩下上面的气球又该怎么挂呢？

050. 重新圈地

有一块大的正方形田地是由4个小的正方形田地组成的，但是因为田地的4个主人并不和睦，一个主人先放弃了自己的地。剩下的主人想让他们彼此的田地不再接壤，这样大家就不会有那么多矛盾了。如果各自的田地面积不变，你知道用什么方法把他们的田地分开吗？最好是少动田地的边。

051. 分花园

春天来了，达姆的花园里面鲜花竞相开放。达姆数了数，花园里一共有7种颜色的花，它们各自开在不同的角落。现在，达姆有了个新主意，他想建3个直线篱笆，把这7种花分开，让它们各自待在自己的小花园里面。你知道该怎么建篱笆吗？

052. 照片框

新潮的妈妈为家里买了一个漂亮的照片框（如图所示），想要把全家福都挂在墙上。可是买回来以后她才发现照片框太多了，而她只洗了8张照片，这下可怎么办呢？没想到聪明的儿子回来后，将照片框上的格子拆掉4根杆，就把原来需要13张照片的照片框改造成只需要8张照片的照片框了，你知道他是怎么做的吗？

053. 美丽的小彩灯

沙拉喜欢做手工，她总是有一些稀奇古怪的想法。今天她得到了10颗小彩灯，她要把它们做成一个美丽的彩灯图案，图案有5行，每行放4颗彩灯。请你猜猜看，沙拉是怎么做到的？

054. 翻转玻璃杯

波特和埃罗没事干的时候，经常玩一些新奇的游戏。他们看见桌上放了3个玻璃杯，它们的杯口全部是朝上面放着的。他们想如果一次只能而且必须翻转两个杯子。那么，翻转多少次才能让3个玻璃杯全部倒扣在桌子上呢？帮忙想一想吧。

055. 卡米的七色板

卡米从小就是一个好动的孩子，喜欢自己做一些小东西。于是妈妈想多练练卡米的动手能力，就给他买了一个七色板（如右图所示）。妈妈要求卡米把上面的图形剪下来，再分别拼出四周的图形。你也来看看，是否能拼这些图形呢？

056. 巧移画笔

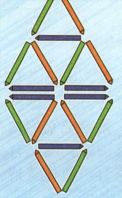

安迪是个小画家，他有各种色彩的画笔。一天他照着书上的样子将16根彩笔摆成了如左图所示的8个相同的三角形。哥哥说："你的图形是照着书上摆的，你有办法移动4根彩笔，就使8个三角形变为4个三角形吗？而且要求每两个三角形没有共同的边。"这个要求有点难度，但是小安迪还是想自己试一下，你也不妨一起加入吧。

057. 安娜的蛋糕

妈妈给小安娜买了一个香甜的蛋糕，安娜请了自己的小伙伴们一起吃。妈妈让安娜来切蛋糕，如果只许切5刀，她要怎样切才能分出更多块的蛋糕呢？我们快帮安娜想想办法吧！小朋友们来了很多，他们已经很馋了。

058. 约翰的难题

约翰给露西出了一道难题，他用35根火柴排成了一个回形图案，要求露西将这个图案变成4个正方形，她可以移动其中一根火柴并且放入3根新的火柴。应该怎么做呢？露西现在还没想出来。聪明的你，快点帮她想一想吧。

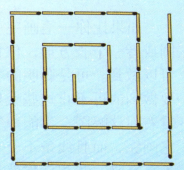

059. 奇怪的图片

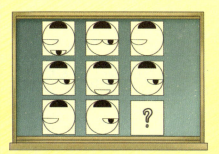

老师在9个格子里画了8个不一样的图案，右下角缺少一个。现在，老师要求同学们在黑板上画出最后一个图案，聪明的汉克第一个完成了任务，得到了老师的夸奖。到底如何画呢？我们一起来动手试试吧！

060. 尼克的游戏

尼克和朋友一起吃烤肉，突然他提出用剩下的铁签玩一个游戏，即用6根铁签组成8个三角形。如果有人可以完成他提出的要求，这顿饭他请客。大家正在摆弄着铁签，你也来试试吧。

061. 一笔画

如果让你一笔画完一个圆或者一个长方形，你肯定可以做到。可是聪明的学生要做到的可不止这些哦！看看右面这幅图，你能一笔将它画完，而且线条不交叉、不重复吗？我相信你就是最棒的！

062. 等分正方形

右面这个大的正方形是由16个小的正方形组成的，你能找出多少种方法将这个正方形分成两等份呢？要求不能将完整的小正方形切割，转换角度也不算是另一种方法，大家来找找看。

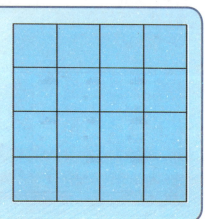

063. 一个乞丐的智慧

一个乞丐在水果商的家门口乞讨，水果商出了一道难题，让乞丐用5根直线将他的12颗水果全部连起来，而且每条直线都要从前一条直线的末端开始。乞丐很快画了出来，水果商慷慨地送给了他一筐水果。你知道乞丐是怎么做出来的吗？

064. 穿线游戏

今天安迪遇到了难题，他去向亨利请教：有16个圆形排列成正方形，每个圆心有一个圆点，要求画6条直线，这些直线都必须经过圆点，并且画线过程中笔不能离开纸，只允许两个点可以经过2次。亨利被难住了，如果你做对了，那一定是个非常聪明的学生，快去试试吧！

065. 剪纸

约翰最近喜欢上了剪纸，现在他要用他的剪纸出一道难题，考考我们呢。右图中约翰剪掉了折纸的一角，打开纸片后这张纸是什么样子的呢？

066. 改变方向

当你手中有很多牙签的时候，你可能也会喜欢将它们摆弄成很多图形，比如说右面这张图片的形状。这35根牙签从里向外延伸的方向呈逆时针，如果只移动4根牙签，你能使它从里向外延伸的方向呈顺时针吗？

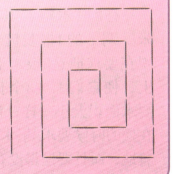

067. 秋天的树叶

秋天的公园里满是落叶，小保罗收集了各种各样的树叶做标本。现在他手上有两个几乎一样的银杏叶，聪明的保罗突然发现，只要在每个叶子上剪一刀，就可以将它们大致拼凑成一个正方形。如果你也有同样的树叶或图片，试试看你能做到吗？

068. 排列饼干

妈妈烤了一些饼干，她用25个饼干摆出了一个横竖都是5个饼干的正方形。她对玛莎说，现在可以再增加5个饼干，并且允许重叠，要将这个方阵变成横竖和对角都是6个饼干的方阵。如果完成这些要求，这些饼干就全部归玛莎了。为了和小伙伴们一起分享饼干，玛莎陷入思考当中。你知道应该怎么摆吗？

069. 摆长方形

有8根木棍，其中4根为3厘米，剩下的4根长度都为2厘米。现在要求把这8根木棍平放在桌子上，使它们围成3个长方形，而且要求面积大小一样，你能做到吗？
在摆的时候要求8根木棍必须都是平放的，棍子的每一头都要着地，而且要摆得没有多余的部分。

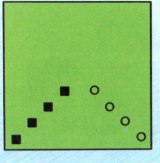

070. 分地和房子

在一个正方形广场上，住着4户人家（如○所示），另外还有4座小别墅（如□所示）。现在要把整个广场分成四部分，每户人家都得到一座别墅，并且各自分得的地方形状也都是一样的。看看每户人家的住址和别墅的位置，似乎分起来不太容易。你能有什么好方法吗？

071. 有趣的火柴题

下面的图中由18根火柴围成了两个区域，其中一个的面积是另一个的2倍。你有没有办法重新摆放其中的火柴，使得它们围成两个4边区域，其中一个是另一个的3倍大呢？要求这18根火柴都必须用上，所有火柴既不能重叠也不能留尾巴，两个区域也必须是分开的。

072. 篱笆围成的训练场

在一个正方形面积的大地上有11棵树，现在有11个驾校想要在这个地方用篱笆围出自己的训练场。要求每一个训练场都能够有一棵树，让学车的人休息时可以乘凉。他们怎么样才可以用较少的篱笆来做到这一点呢？你也给想想办法吧。

073. 摆放弹珠

周末，卡洛尔在和朋友们一起玩弹珠。康尼叔叔见了，对他们说："我看你们一共有17个弹球，那现在谁能用这17个弹珠摆成10行，其中8行都是4个弹珠，两行是5个弹球呢？"

大家一听都傻眼了：才17颗珠子，就要摆成10行，每行还有4个或5个弹球，这怎么摆呢？请你来想一想吧，也许你会有办法。

074. 饼连直线

安妮发现桌子上摆着几个饼，位置如右图。现在要把3个饼连成一条直线，只能连出两条直线。小安妮忽然想到如果把一个饼重新摆放位置，便可以连出4条直线，并且每条直线上面都有3个饼。你知道怎么连吗？

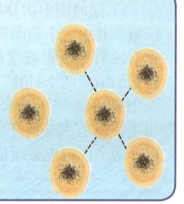

075. 测量体积

妈妈现榨了一大瓶的果汁要给姐妹两个人分，可是家里面只有两个空瓶子，一个瓶子细高，一个胖矮。姐妹两个都认为那个细高的瓶子装得果汁多，所以都争相抢那个瓶子。妈妈告诉她们其实这两个瓶子不见得那个细高的就一定大。请问在没有量杯的情况下，妈妈要怎么证明两个瓶子哪一个容积更大呢？

天才妙算篇

001. 山姆的果园

山姆大叔有一个大果园，他打算在果园里种上四种果树，而且每种果树的面积要一样大。他的果园地形不太规整，要将这块地平分成四块有些困难。如果你是山姆大叔，你打算如何划分这些地呢？

002. 皮克的作业

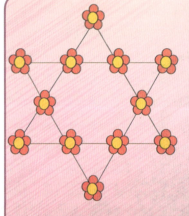

皮克正在做家庭作业，这时罗西跑过来邀请皮克玩游戏，可是愁眉苦脸的皮克正为作业头疼。罗西看了皮克的作业题后，得意地说道："如果我做出这道题，你要和我去玩游戏哦！"皮克连忙点头。罗西按照题目要求，成功地将1到12的数字填入上图的花朵中，并且六角星每条直线上的数字之和都为26。你知道他是怎么做的吗？

003. 公园里面的花

春天来了，公园里面的花朵都绽放得特别艳丽，花朵有红色的和粉色的两种。布兰奇数了一下，公园里面总共有46朵鲜花，每次摘下3朵花，里面都至少有一朵是粉颜色的。你是否能猜出公园里面最多有多少朵红色的鲜花呢？

004. 方形糖块

卡琳的爸爸从国外带回了一大块可口的彩色软糖，这个软糖由3个不同颜色的方形组成。现在卡琳想要将这块糖果分给她的8个好朋友，让她们都尝尝这块糖果。她应该怎么分割呢？分割出来的每一块大小不可以不一样哦！

005. 划分符号

一群朋友在聚会上玩游戏，其中一个人拿出一张画满符号的图片。他告诉大家，如果谁能画3条直线将这幅图分成6部分，并且每部分都包含6个符号（每种符号2个），他就自愿表演一个节目。你知道怎么划分吗？

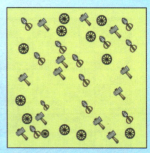

006. 马丁先生

马丁先生有顶很神奇的帽子，高高的帽顶，很是漂亮。有一次马丁想用这个帽子出一道题考考他的朋友。他问大家，他的帽子高度和宽度哪一个更长呢？你知道答案吗？

007. 天平

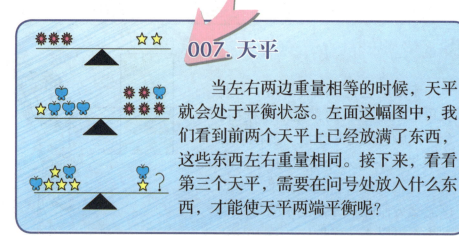

当左右两边重量相等的时候，天平就会处于平衡状态。左面这幅图中，我们看到前两个天平上已经放满了东西，这些东西左右重量相同。接下来，看看第三个天平，需要在问号处放入什么东西，才能使天平两端平衡呢？

008. 小马之旅

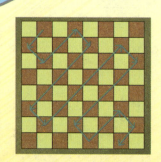

凯恩被老师布置的一道题给难住了。题中说，马在国际象棋中只能斜着走，而且只能走一种格子的颜色（即如果马的起点是在黑格上，那么它就只能走黑格，并且只能斜走，格数不限）。如果棋盘上的格子允许多次进入，那么马至少需要多少步才能进入所有的白色格子？你能帮助凯恩画出答案吗？

009. 纳西寻宝

在一座迷宫中有几个藏宝箱，其中只有一个箱子里真正有宝贝，是哪一个呢？纳西从左下角开始，沿着路径加减沿路的数字，如果他得到的数字是4，那么他已经找到了那个藏宝箱。如果是3，那么他要回到起点，重新开始。

010. 猜位置

　　海伦和凯特一起玩扑克牌，海伦从一堆扑克牌中抽出了4张，并把它们全都朝下摆放在桌子上。她对凯特说："现在我们一起来玩猜位置的游戏吧。在这4张牌中，有一张A在一张A的左边，有一张J在A的右边，有一张5在A的右边，有一张黑桃在梅花的右边，有一张红桃在黑桃的左边，有一张方片在红桃的左边。现在的问题是：这4张牌各是什么牌，它们的摆放顺序又是什么样的？"凯特一听就懵了，你能给出答案吗？

011. 绑香蕉

　　小猴子有5根香蕉，它用4米长的绳子来绑，每隔1米绑一根香蕉，绳子刚好用完。现在它吃掉1根后还剩4根香蕉，如果还是用原来那根绳子来绑，也是每隔1米绑一根香蕉，该怎样绑才能刚好把绳子用完呢？

012. 跳格子

　　迈哈德和基尼一起玩跳格子游戏，他们在地上画了14个六边形的格子，然后在每个格子里面填上数字。现在他们要把1到14这几个格子里的数字重新排列一下，要使相邻的两个格子内的数字是不连续的，同时，任何数字都不能与可以整除它的数字相邻（数字1除外）。应该怎样排列呢？

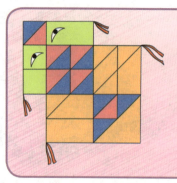

013. 数图形

仔细观察左图，你能在一分钟之内找出这幅图中有多少个三角形吗？

014. 玩跳棋

在下跳棋时，伊莎给艾米尼出了一个"跳棋走方格"的难题：把一个跳棋放在棋盘的一个格子里，要求只走4步就让跳棋经过棋盘左上角的9个格子（多者不限），在移动的时候只能朝一个方向移动。该怎么走呢？艾米尼陷入了沉思中……

015. 划分花园

马可尼是一个园丁，现在花园的主人要求他在花园里竖立8道栅栏，把花园分成5块小花坛的样子。在每块小花坛里都要有2朵玫瑰花、3朵太阳花和4棵小草。并且，新建的栅栏还要是对称的。马可尼有点被难住了，他还在沉思呢。你能帮他想一想吗？

016. 数学天才

艾米尼是一个非常喜欢数学的孩子。一天，她的老师为了考验她，故意给她出了一道难题，并让她在5分钟内做出来。在这道题中，艾米尼需要把方框里的数字重新排列，每行每列都不能重复出现相同的数字，对角线上也不可以出现。假如她排列正确，那么每行、每列的数字相加的总和是10。不到5分钟，艾米尼就做出来了。你行吗？

0	1	3	0	4
2	2	4	2	1
4	1	3	4	0
3	0	1	3	1
4	2	0	3	2

017. 特别三角形

弗瑞德正在做一道数学题，如图所示。这个图形中一共有多少个三角形呢？弗瑞德数了一遍又一遍，结果还是不对。你来试试吧。

018. 最近的距离

在一个长方形盒子的两个壁上各有一个点，如右图所示。现在要在红点和黄点之间接一条彩带，要怎样用最短的彩带就可以把这两点连起来呢？好好想一想吧。

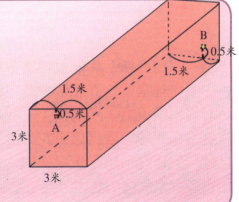

019. 怎么少的

丘比是个盲人，他有6筐菠萝，一共是24个。他把6筐菠萝摆成一个三角形状，每行3筐，共9个菠萝。丘比每天坐在家门口数菠萝，每次数的时候，只要每行是3个筐，总数是9个菠萝，他就认为菠萝没有少。可是，有个小偷第一天拿走了他6个菠萝，第二天又拿走了3个。而丘比却没有发现，你知道是怎么回事吗？

020. 创意植树

"3·12"是植树节，学生们跟着老师一起去植树。大家都兴高采烈的，于是聪明的帕特老师又要出题了，说让大家在劳动的同时也来动动脑筋。同学们，我们也一起来动动脑筋吧！帕特老师出的题目是：将13棵树栽成6行，每行3棵，应该以怎样的排列方式栽培呢？

021. 数气球

"詹姆斯，你能数得清这里有多少个气球吗？"乔思娜拿着一幅图，对詹姆斯说道。詹姆斯："我看看，这么多气球，看得人眼花缭乱。"不过，他最终给出了正确答案。你知道有多少个气球吗？

022. 做相框

　　凯尔西开了一家照相馆，现在她要给相片做相框，如图所示。她想用这3种方法来做，3幅图都是按照相同比例尺画的，面积都相等，有一条边重合。那么，哪一种所用的材料是最少的呢？

023. 填数字

4		1	2
	2		3
3			
		3	4

　　凯琳和贝西一起玩填格子游戏。左面是她们在玩的游戏，要在空格子里填上数字1、2、3、4，并且横行和竖行都不能有重复的数字出现，你也来试试吧。

024. 六边形

　　仔细看下面的图形，里面一共有多少个六边形呢？不要只看表面哟！

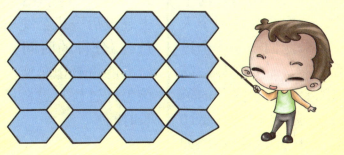

025. 分糖记

桌子上摆着一架天平，只有两个砝码，分别为7克、2克。如何只用这些工具，分3次将140克的糖分成50克和90克各一份？

026. 混乱的借款

阿明、阿丹、阿夏、阿豪4个人是好朋友。有一天，阿明向阿丹借了10元钱；阿丹突然要买东西，又向阿夏借了20元钱；阿夏要出去玩，向阿豪借了30元钱；路上巧遇，阿豪又向阿明借了40元钱。终于有一次4人相遇了，他们决定清算各自的账目。请问他们4个人怎么用最少的钱来解决相互之间的债务问题呢？

027. 过桥

星期天，露丝全家人出去游玩。由于玩得太高兴了，忘记了时间，他们慌慌张张来到一条小河边。河上有座桥，一次只允许两个人通过。如果他们一个一个过桥的话，露丝需要15秒，露丝的妹妹要20秒，露丝的爸爸要8秒，露丝的妈妈要10秒，露丝的奶奶要23秒。如果两个人一块儿过桥的话，只能按走路慢的人的速度来走。过桥后还要走2分钟的路。露丝一家人急着到对面去赶最后一班公交车。他们只有3分钟的时间，问露丝一家能否赶上公交车？他们该怎样过桥？过桥最短用多长时间？

028. 农夫总共留下多少头牛

从前有个农夫，死后留下了一些牛。他在遗书中写道：妻子得全部牛的半数加半头；长子得剩下的牛的半数加半头，正好是妻子所得的一半；次子得再次剩下的牛的半数加半头，正好是长子的一半；长女分得最后剩下的半数加半头，正好等于次子所得牛的一半。结果一头牛也没杀，也没剩下。问：农夫总共留下多少头牛？

029. 买卖衣服

罗恩花90元买了件衣服，他脑子一转，把这件衣服以120元卖了出去。他觉得这样挺划算的，于是又用100元买进另外一件衣服，原以为会以150元卖出，结果卖亏了，90元卖出。问：你觉得罗恩是赔了还是赚了？赔了多少还是赚了多少？

030. 床的价格

一个家具店里有3种床，其价格分别如下：（1）它们的单价各不相同；（2）它们的单价加起来共4000元；（3）第二种床比第一种床便宜400元；（4）第三种床的单价是第二种的2倍。那么这3种床的单价各是多少？

031. 企业的员工

某大型企业的员工人数在1700～1800之间，这些员工的人数如果被5除余3，如果被7除余4，如果被11除余6。那么，这个企业到底有多少员工？爱丽丝略想了一下便说出了答案，请问她是怎么算出来的？

032. 买邮票

露丝是个集邮迷，平常喜欢购买并收集各种邮票。这天，妈妈给了她20元钱，她用这些钱又买了一些邮票回来。露丝仔细一数，1角钱的邮票和2角钱的邮票共100枚。妈妈问她，这些邮票一共花了多少钱。她说："我还剩3元钱。"那么，你知道露丝买了1角和2角的邮票各多少枚吗？

033. 冰与水

我们小时候就学习了"热胀冷缩"的物理规律，但是有一种很特别的物质却并不遵循这个现象，那就是水，有时候它是"冷胀热缩"。经过多次的实验得出结论：当水结成冰时，其体积会增长1/11。以这个为参考，你知道当冰融化成水时，其体积会减少多少吗？

034. 完全重合

莱特和保罗正在为一个问题争论。问题是这样的：我们常见的钟表上有时针、分针和秒针，那么在12小时内，时针、分针、秒针三针完全重合的情况有几次？莱特说有2次，保罗坚持称有1次。你觉得他们谁说的对？为什么？

035. 计算容积

曾经有这样一个故事：一名毕业于名牌大学数学系的学生，因为他是学校的佼佼者，所以十分傲慢。一位老者很看不惯，就给他出了一道求容积的题，老者只是拿了一个灯泡，让他计算出灯泡的容积是多少。傲慢的学生拿着尺子算了好长时间，记了好多数据，也没有算出结果。而老者只是把灯泡中注满了水，然后用量筒量出了水的体积，很简单就算出了灯泡的容积。

现在，如果你手中只有一把直尺和一只啤酒瓶子，而且这只啤酒瓶子的下面2/3是规则的圆柱体，只有上面1/3是不规则的圆锥体。以上面的事例做参考，你怎样才能求出它的容积呢？

036. 两人赛跑

一个男生和一个女生在一起赛跑，当男生到达200m终点线的时候，女生才跑到180m的地方。现在如果让男生的起跑线往后退20m，男生和女生再同时起跑，那么，两个人会同时到达终点线吗？

037. 任意三位数

杰克是一位伟大的魔术师,他能看透你的内心。他蒙上眼睛,让别人写下任意一个三位数,每位数上的数字可以不一样。然后他让出题者把数字颠倒,再用颠倒后的数和原来的三位数相减,大数减小数,最后,出题者告诉他这个差的末尾数字是8。根据这个信息,杰克就能猜出所得差的完整结果。你知道这个结果是多少吗?

038. 猴子吃桃

有一只猴子,采回来一堆桃子。第一天吃了一半多一个;第二天吃了剩下的一半多一个;第三天又吃了剩下的一半多一个;接下来的每一天都吃了剩下的一半多一个。到第十天的时候只剩下一个桃子(第十天没有吃桃子)。问:这只猴子采回来多少个桃子?

039. 烧绳子计时

安妮给布特出了一道考题。安妮说:"烧一根不均匀的绳子,从头烧到尾总共需要1个小时。现在,有若干条材质相同的绳子,如何用烧绳的方法来计时15分钟呢?"布特想了半天也没有想出来。你能帮布特想想办法吗?

040. 路程有多远

艾伦骑自行车从甲地到乙地，返回时他换成骑摩托车。艾伦骑自行车每行1千米用6分钟，回程时骑摩托车，每行1千米比骑自行车少用5分钟，这样他在返回的路上用了40分钟。甲、乙两地之间的路程是多少千米？

041. 奶奶的年纪

有一天，格雷厄姆问奶奶："奶奶，您今年多大了？"奶奶说："我考考你。奶奶今年的年龄加上14后除以3，再减去26，最后用25乘，恰好是100岁。你知道我多大了吗？"格雷厄姆思考了一下，很快就告诉了奶奶答案，奶奶夸奖他真会动脑筋。你知道格雷厄姆是怎样算的吗？

042. 小猴吃桃

一只小猴上山摘桃子，它把摘到的桃子先平均分成5堆，4堆送给它的好朋友，自己留下一堆。它又把留下的这一堆平均分成4小堆，3小堆送给了小山羊，一小堆自己吃。它自己一共吃了6个桃子。请问：小猴一共摘了多少个桃子？

043. 划船

　　春天到了，老师组织三年级的46名同学去划船。出发前，老师告诉大家，学校一共为他们准备了两种大小不同的船，其中一种船可乘6人，另一种船可乘4人，两种船一共10只。老师问同学们，如果要让46名同学恰好分配在这10只船上而没有剩余，那么大船和小船应该各几只呢？好好思考一下，让大家都坐上船吧。

044. 买几瓶可乐

　　已知：5个可乐空瓶可以免费兑换一瓶可乐。在一次聚会上，某班同学一共喝了161瓶可乐，其中的一部分是用空瓶兑换的。安吉正在计算同学们至少买了多少瓶可乐。你能帮帮他吗？

045. 运石头

　　有100吨石头，需要用马车运到农场，农场恰巧找来了100辆马车。马车有大小之分，大马车一次可以运3吨，中马车一次可以运2吨，而小马车却需要用两辆才能运1吨。请问，如果既要把石头运完，又要把100辆车用够（每种车都要用），该如何分配马车？

046. 争糖吃

一共有26块糖，两个好朋友A、B争抢着吃。B抢在了前面，刚拿到手，A赶到了。A看见B挑得太多，就抢过了他的一半。B不让，又从A那儿抢回一半。A很不服气，B只好给了A5块糖，这时A比B多了2块糖。你知道最开始的时候B手里有多少块糖吗？

047. 倒水

有红、绿、白3种不同颜色的罐子。绿色罐子的容量比白色多3升，红色罐子的容量比绿色多4升。现在让你用这些罐子在只倒9次的情况下准确测量出2升水，你能做到吗？

048. 会遇到几列火车

每天上午都会有一列火车从北京开往俄罗斯，同一时间属于同一公司的一列火车也从俄罗斯开往北京。火车走一个单程需要7天7夜。请问，火车从北京开出站算起，到达终点，这期间将会遇到几列从对面开来的同一公司的火车？

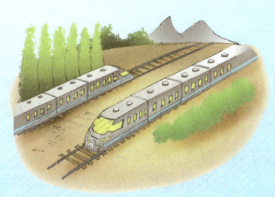

049. 一根铁丝

工匠有一根铁丝。在工作中，工匠第一次用去它的一半少1m，第二次用去剩下的一半多1m，结果还剩下3m。你知道工匠的这根铁丝原来有多长吗？

050. 巧克力糖

多年以前，3个旅行者在黑眼睛客栈的一张桌子上用餐。吃完以后，他们点了一盘巧克力糖并打算平分。可是，巧克力糖还没有上来的时候他们就睡着了。第一个人醒来的时候把他那份吃掉了，接着又睡了过去。第二个人不久也醒了，也把认为属于他自己的那份糖吃掉了，然后很快又睡着了。最后，第三个人醒来后吃掉了认为属于他自己的那份糖果后又睡了过去。三人在吃巧克力的时候，都以为其他两人没有吃。第二天，服务员将盛有巧克力糖的盘子端走了，这时桌上还有8块糖。请问，你知道桌子上原来有多少巧克力糖吗？

051. 弹子游戏

夏洛特和肖特是两个最要好的朋友。一天，他俩分别提着一口袋弹子玩起了弹子游戏。两人刚开始的时候平分了这些弹子，弹子数量相同。第一局，夏洛特的弹子数增加了20个；第二局和第三局，他损失了2/3的弹子，而肖特的弹子数则是夏洛特的4倍。那么，你能否计算出，比赛结束时两人各有多少弹子吗？

052. 龟兔赛跑

乌龟和兔子赛跑的原版，是由于兔子过于贪玩而让乌龟胜出了。但依兔子的速度可以远远超过乌龟的。而现在有一总长4.2km的路程，兔子每小时跑20km，乌龟每小时跑3km。乌龟不停地跑，但兔子却边跑边玩，它先跑1分钟，然后玩15分钟；又跑2分钟，再玩15分钟……那么，它们谁先到达终点？先到者比后到者要快多少分钟？

053. 各有多少

爸爸为了考考儿子的智力，给儿子卡尼出了道题。爸爸说："我手里有1元、2元、5元的人民币共60张，总值是200元，并且1元面值的人民币比2元的人民币多4张。卡尼，你能算出这3种面值的人民币各有多少张吗？"卡尼眨了眨眼睛，摸摸脑袋，不知道怎么算才好。你能算出来吗？

054. 解题

弟弟让姐姐帮他解答一道数学题。一个两位数乘5，所得的积是一个三位数，且这个三位数的个位与百位数字的和恰好等于十位上的数字。姐姐看了以后，心里很是着急，觉得自己摸不到头绪。你能帮姐姐解出这道题的答案吗？

055. 三个火枪手

在英国古代曾有这样一个故事：3个火枪手同时看上了一个姑娘，这个姑娘不好选择，于是，让他们以枪法一较高低。谁胜出，她就嫁给谁。第一个火枪手的枪法准确率是40%，第二个火枪手的枪法准确率是70%，第三个火枪手的枪法准确率是百分之百。由于谁都知道对方的实力，他们想出了一个自认为公平的方法：一个火枪手先对其他两个火枪手的帽子开枪，然后是轮到下一个火枪手开枪，最后才是剩下的那个。谁的帽子先被打中，谁就要马上退出比赛，直至剩下最后一人的帽子。那么这3个人中谁胜出的概率最大呢？

056. 读书时间

帕托经常抱怨自己没有读书的时间，因为实在是太忙了。一次考试结果出来，他考了倒数第一名。父亲十分生气，正要责骂他，他却很镇定地说："爸爸，我每天要睡8小时，这样我一年

我一年才有3天可以读书。

真是这样吗？

的睡觉时间就是122天。我们寒暑假期一共是60天，我们上课每周休息2天，那么一年就要休息104天。我每天吃饭要3小时，那么一年就要46天。我每天坐车去学校要2小时，那么这样又是30天。一年一共才365天，你想想这些就要用掉我362天，我哪还有什么时间去读书啊？考试成绩差能怪我吗？"父亲顿时被问住了。你知道帕托错在哪里吗？

057. 糖与糖罐

这个有关于糖和糖罐的游戏会让很多朋友遇到一些小麻烦。在桌子上放10块糖以及3个糖罐。参与游戏者需要做的是将10块糖按照下面的方式放入糖罐中：每个糖罐内的糖块必须是奇数，而且这10块糖都必须用上，还不能有任何损坏。请问该怎么做？

058. 乒乓球

有100个乒乓球整齐地摆放在桌子上，有两人轮流拿球装入口袋，能拿到第100个乒乓球的人为胜利者。条件是：每次拿球至少要拿1个，但最多不能超过5个。问：如果你是最先拿球的人，你该拿几个？以后怎么拿就能保证你能拿到第100个乒乓球呢？

059. 分蘑菇

玛丽、柯利、瓦利亚、安德和佩蒂5个人一起去采蘑菇。他们之中，只有玛丽在认真地采蘑菇，其他4个人都躺在树下睡大觉。下午，准备回家的时候，玛丽一共采了45个蘑菇，其他4个人因为睡觉所以一个蘑菇都没有。于是，玛丽将自己所有采集到的蘑菇分给了其他4个人，自己一个也没有留下。但在回家的路上，柯利又采到了2个蘑菇，安德找到了与手上数目相等的蘑菇，而瓦利亚丢了2个蘑菇，佩蒂丢了手上一半的蘑菇。到家后他们发现4个人手上的蘑菇数相同。那么，最初玛丽分给这4个人各多少个蘑菇？

060.9 枚硬币

桌子上放有9枚硬币，两个孩子轮流从中抽走1枚、3枚或者4枚硬币，谁取走最后一枚硬币就算谁赢。请问，应该怎么样才能制胜？

061. 敲钟的速度

在一个教堂里，每天修女都要敲钟。第一个修女用10秒钟敲了10下钟，第二个修女用20秒敲了20下钟，第三个修女用5秒钟敲了5下钟。这些修女各人所用的时间是这样计算的：从敲第一下开始到敲最后一下结束。这些修女的敲钟速度是否相同？如果不同，一次敲50下的话，她们谁先敲完？

062. 买玩具

有6个小朋友去玩具店里买玩具，他们分别带了14元、17元、18元、21元、25元、37元钱。到了玩具店里，他们都看中了一款游戏机，只是6个人所带的钱都不够，不过，他们发现其中有3个人的钱凑在一起正好可买2台。除去这3个人，有2人的钱凑在一起恰好能买1台。那么，这款游戏机的价格是多少呢？

063. 池塘取水

假设有一个池塘，里面有无穷多的水。现有2个空水壶，容积一个为5升，一个为6升。如果有人只用这两个水壶取水的话，他如何能从池塘里取得3升的水呢？

064. 圣诞节的考题

今天是圣诞节，父母给孩子们准备了两种尺寸的袜子用来装礼物，一种尺寸较大，另一种尺寸较小。"圣诞老人"在两种袜子里面各装了数量不详的玩具，后来发现大袜子和小袜子里面装的玩具数量不相同，但是是由相同数字组成；同时，两个数的差值是两个数的和值的1/11。请问，"圣诞老人"分别在两种袜子里面放了多少玩具？

065. 猜数字

富兰克林和3个同学在一起玩了个游戏。他在3名同学的额头上各贴了一张纸条，纸条上均写着一个正整数，并且其中两个数的和等于第三个。但他们三人都能看见别人的数却看不见自己的数。然后，富兰克林问第一个同学："你知道你的纸条上写的是什么吗？"同学摇头，问第二个，他也摇头，再问第三个，同样摇头。于是富兰克林又从第一个问了一遍，第一个、第二个同学仍然不知道，问到第三个时，他说："144。"富兰克林很吃惊，他竟然答对了。那么，他是怎么推算出来的？另外两个数字又是什么呢？

066. 伪钞

私人侦探——"帽子"哈文又被称为伞人，他曾经因破获了19世纪欧洲最大的一个造假案而闻名于世。在一次成功抓获制造假币的造假太太后，有记者问哈文："一共发现了多少伪钞？"哈文回答道："为了清算，我把造假太太印制的全部伪钞堆放在桌子上，发现其中5元的伪钞数量是1元伪钞数量的10倍，而50元伪钞数量是10元伪钞的2倍，一共发现伪钞金额1500万元，请你们自己算算看，各种面值的伪钞各有多少？"

067. 左撇子和右撇子

一个班级的学生有左撇子和右撇子，还有既不是左撇子也不是右撇子的学生（我们把这些既不是左撇子也不是右撇子的学生看作既是左撇子也是右撇子的学生）。班上1/7的左撇子同时也是右撇子，而1/9的右撇子同时也是左撇子。请问：班上的学生中是否有超过半数都是右撇子？

068. 牛吃草

有一牧场，已知养牛27头，6天把草吃尽；养牛23头，9天把草吃尽。如果养牛21头，那么几天能把牧场上的草吃尽呢？注意：牧场上的草是不断生长的。

069. 牲畜

苏巴克说："艾碧泽，我用6头猪换你一匹马，这样你的牲畜就是我的两倍了。"

亚莎说："等一下苏巴克，我用14只绵羊换你一匹马。这样，你的牲畜就是我的3倍了。"

艾碧泽说："我有个好主意，亚莎，我用4头母牛换你一匹马，这样，你的牲畜就是我的6倍了。"请问，这3个人各有多少牲畜？

070. 木头人

这是一个很经典的脑筋急转弯问题。一个老座钟上立着一个木头人，每当它听到钟响一次，它就会跳两次。座钟每到一个整点就响，响的次数与时刻数相等。那么一天24小时中，这个木头人一共会跳多少次？

071. 卖小鸡

艾米和贝西是邻居，她们每天都去集市上卖小鸡。贝西每天卖30只，两只卖1元，回家时她可以卖15元；艾米每天也卖30只，3只卖1元，一天可以卖10元钱。一天，艾米生病了，她请贝西帮她卖小鸡。贝西带着60只小鸡去了集市，并以5只2元的价钱卖掉，当她回家时，她一共卖了24元钱。如此，实际得的钱数比两人分别卖所赚的钱少了1元钱。请问，为什么会少这1元钱呢？

072. 种玉米

从前有一个地主，他雇了两个人给他种玉米。两个人中一人擅长耕地，但不擅长种玉米，另一人恰相反，擅长种玉米，但不擅长耕地。地主让他们种20亩地的玉米，两人各包一半，于是工人甲从北边开始耕地，工人乙从南边开始耕地。甲耕一亩地需要40分钟，乙却得用80分钟，但乙播种的速度比甲快3倍。种完玉米后，地主根据他们的工作量给了他们20两银子。请问，两人如何分这20两银子才算公平？

073. 采蘑菇

琳娜和艾娜两姐妹去森林里采蘑菇，她们各采了一篮子蘑菇。一个朋友问：“你们采了多少蘑菇啊？”琳娜说：“我和妹妹的蘑菇放在一起，一共是210朵。如果妹妹给我10朵，那我的蘑菇数量将是妹妹的2倍。”朋友又问艾娜：“你的蘑菇有多少呢？”艾娜说：“如果姐姐给我25朵，我的蘑菇数量就和姐姐的一样。”你知道琳娜和艾娜各采了多少朵蘑菇吗？

074. 迷惑的生卒年

19世纪有一位伟大的画家出生在法国，同样他又死于19世纪。他诞生的年份和逝世的年份都是由4个相同的数字组成，但是排列的位置不一样。画家诞生的那一年，4个数字之和是14；他逝世的那一年，十位的数字是个位数字的4倍。请问，画家诞生于哪一年，逝世又在哪一年？

075. 打碎了多少个陶瓷瓶

一个陶瓷公司要给某地送2000个陶瓷花瓶，于是就找一个运输公司运这些陶瓷花瓶。

运输协议中是这样规定的：

①每个花瓶的运费是1元；

②如果打碎1个花瓶，不但不给运费，还要赔偿5元。

最后，运输公司共得运费1760元。那么，这个运输公司在运送的过程中打碎了多少个陶瓷花瓶？

88888?

076. 大家来找"8"

数学课上，老师问大家："谁可以说出0到99这100个数字中有多少个8啊？"大家踊跃发言，可是很多人都说错了。聪明的你能说出来吗？不要着急，想好了再说，不然你也会出错哟。

077. 汤姆叔叔的信

汤姆叔叔给远方的朋友写了一封信，大家都知道信封上面必须贴上邮票才能邮走，汤姆叔叔的这封信需要1.6元的邮票，于是他便去了邮局。邮递员告诉他，邮局现在有4角、8角、6角、1元的邮票。汤姆叔叔如果想要顺利地寄出这封信，他有几种贴邮票的方法呢？

078 玩扑克

现在，我们有请表演家贝蒂娜为我们大家带来扑克魔术表演！她会在一副扑克牌中抽出7张牌，这7张牌都是不同的数字，她把它们排成一行。然后，她在一分钟内把7张牌重新排列好几次。5分钟过去了，贝蒂娜在继续排列，但是每次都没有重复。10分钟过去了，她还是在重新排列，还是没有排列顺序重复……那么聪明的你，能判断出共有多少种排列方式吗？

079. 扑克牌搭建房子

杰西卡是一位著名的建筑师，她正在用扑克牌搭建房子模型。用15张扑克牌可以搭成3层高的扑克房子，要搭建一座10层高的扑克房子，就要用到155张扑克牌。如果要搭建一座75层高的房子，一共要用多少张扑克牌？

080. 哪一种液体多

有两个大小一样的瓶子，一个瓶子里装了牛奶，一个瓶子里面装了水，两个瓶子的液体是一样多。如果从牛奶瓶子取出一半牛奶倒入第二个瓶子里面，将第二个瓶子充分搅匀后，再从第二个瓶子取出先前一样多的液体倒回第一个瓶子里。这时，是牛奶瓶中的水多呢？还是装水的瓶子里面的牛奶多？

081. 图形组合

课间活动时，斯坦尼勒斯把两个大小一样的三角形、一个大圆与一个小圆形的纸片叠加在一起，并粘了起来，被粘起来纸片有的部分厚一些，有的部分薄一些，斯坦尼勒斯在纸片上面写了一些数字，问号处他准备拿回家考一考姐姐。小朋友，你知道答案吗？

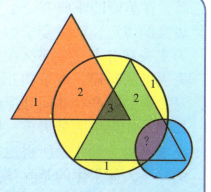

082. 彩色方块

大卫在做一个有趣的游戏，我们一起来看看吧！大卫手里有28块多米诺骨牌，我们要从中选出18块，组成一个正方形。大卫要求我们组成的图形里面，每一横行和每一竖列都要有6种不同的颜色。试试看，你能做到吗？

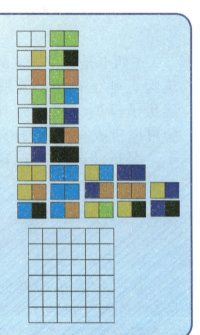

083. 分割遗产

在美丽的雅典有一个不成文的规定，就是妻子如果为丈夫育有子女，那么在丈夫去世的时候，妻子和儿女对丈夫的遗产有共同分配的权利。如果生的是男孩，则妻子可以分到儿子所得遗产的一半，如果生的是女孩，则可得女儿所得遗产的2倍。

一位妻子在丈夫去世的前一年生育了一对龙凤胎，而且已知其丈夫的总共遗产有7000万欧元。丈夫在临去世的时候让妻子抱着一对儿子来到病床前，为他们分割了财产。在这种情况下，妻子可以分到多少遗产呢？

火眼金睛篇

001. 谁更快乐

贝拉画了同一个人的两张脸，她拿去让安娜猜，哪一个看起来更开心一些。安娜看了一会儿后笑了，她的答案让贝拉很满意。仔细看看这两张脸，你知道哪一个更快乐吗？

002. 扑克牌

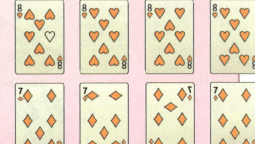

查罗喜欢画画，这天他要和朋友们玩扑克牌，可是却发现家里扑克缺少方片7和红桃8，查罗立刻拿出他的画笔画了一些扑克牌。现在我们可以看到他画出的4张方片7和四张红桃8，游戏马上要开始了，看谁能用最快的速度从中选出两张正确的扑克牌吧！

003. 彩色方形

彩色的方形如漂亮的棒棒糖一般，每一个方形与其他方形的颜色都不完全一样。如果旋转右面的5个大小不一的方形，你觉得能否使每条射线上仅有一种颜色吗？

004. 观察曲线

老师在硬纸板上画了一个"S"形的图案，这个图案是由许多条横向的线段组成的（如图所示），她请同学们仔细观察这个图案，看看哪一条直线是最长的。这可是需要好的眼力和聪明的脑袋哦！先不要看答案，试着自己找找看。

005. 隐形的圆形

路利亚打算画一幅漂亮的泡泡图，她画好圆圈后，起身去房间里拿颜料。可是，这个时候她的小猫咪打翻了水杯，水洒在画纸上，将一部分线条冲淡了。现在我们只能看到圆圈的部分线条了，你能根据这些线条，猜出路利亚一共画了多少个圆圈吗？

006. 两块木条

有甲、乙两块木条，罗伯特用笔各自画出这两块木条的一个侧面，如图所示。如果说，B木条比A木条还要长，你觉得这有可能吗？

007. 扭曲的图形

一家餐厅的墙上挂着一幅奇怪的画，阿蒙和米莉看着这幅画发表了不同意见。阿蒙说，这幅画的竖直和水平边缘是扭曲的，米莉却说这幅画的竖直和水平的边缘是直的，到底谁说的是正确的呢？

008. 彼得的设计

彼得是一个建筑设计师，有一次他画了一幅建筑设计图，打算用这幅图考考大家的眼力。现在看看左面这幅图，你觉得这样的建筑在现实生活中会存在吗？

009. 小狗的影子

汤姆昨天拍到了一张小黑狗的照片，照片打印出来之后，汤姆惊讶地发现，小狗的身体和它的影子简直无法分清楚。现在看看这张照片，你知道哪个是小狗？哪个是它的影子吗？

010. 两排房子

吉姆站在街角，看到了路边的两排房子向远处延伸并把它们画了下来（如图所示）。我们假设左边这排房子由远及近的距离为AB，右边这排房子的距离为CD，那么，请你猜一猜，AB和CD这两段的距离哪一个更长？还是它们一样长？

011. 阳光沙滩

一群小伙伴来到沙滩玩耍，做游戏、游泳、玩排球、晒日光……经过一天的嬉戏，小伙伴们都晒黑了。看看旁边沙滩上的衣物和他们身上晒出的印迹，你能分辨出这些物品各属于哪一个人吗？

012. 相似的图片

这道题是给那些粗心的小孩做的，相信做完这道题，你就会变得更加细心哦！下面这两幅图片看起来是一样的，可是仔细观察，你就会发现其中的不同。已知，这里面有10个不同之处，你能把它们全部找出来吗？要仔细找哦，这样才不会遗漏。

013. 恶魔的镜子

一个恶魔来到一面挂满镜子的墙壁前面，墙上有9面镜子。恶魔看到自己在镜中的影像，感觉自己长得很丑陋，一气之下将所有镜子打碎了。这些镜子现在还在墙上，我们发现有两面镜子里面的图像是完全一样的，你能找出是哪两个吗？

014. 隐藏的小鸟

卡琳有一个漂亮的蝴蝶结，梅西见了非常喜欢。卡琳告诉梅西，她还有一幅很有趣的图片，只要梅西将图中所有隐藏的小鸟都找出来，她就把蝴蝶结送给梅西。梅西开始找了，她一共找出了10只小鸟。你能找出几只呢？

015. 中心的石凳

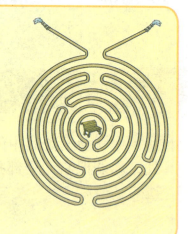

在一圈圈水管的中间放置有一个石凳，我们可以看到水管子缠绕的方式很奇怪，它的两头分别向左和向右。如果朝这两个方向拉动水管，拉到最后，水管是会缠绕在石凳上，还是会变成直的呢？不妨仔细观察，再开动脑筋想想吧！

016. 拉绳结

院子里有两个小孩在玩跳绳，可是他们因为某些事情起了争执。现在他们各拽住绳子的一端，照这样拉下去的话，绳子肯定会被拉直。现在仔细观察这根绳子，如果它被拉直后，上面有没有结？如果有的话会有几个结？

017. 真假小矮人

7个小矮人正在开一个派对，这时候又来了4个小矮人，它们都是小魔鬼变出来的，各自有一处和真正的小矮人长得不一样。我们仔细找找，看能不能找出这4个魔鬼变出的小矮人，别让他们破坏了这个派对。仔细观察，你能做到的。

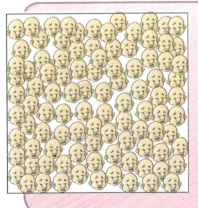

018. 唯一的笑脸

约瑟画了一张图片，图片里面全是生气或者伤心的脸，约瑟告诉我们，这个图片里面只有一张笑脸。可是这张图片里面的脸实在是太多了，找起来还真费劲！现在我们快开始行动吧！看你多久能够找出这张笑脸。

019. 有趣的美术课

美术课上，老师拿出一张图片，让所有的同学照着画。下面是一些同学画好的图片，虽然它们看起来几乎一样，但是每幅图又都有与其他图不同的地方。你能把它们全部找出来吗？

020. 干裂的土地

A城的郊区好久没有下过雨了。这天，一位农民来到他的田地里，发现土地已经干裂了，右图是农民拍下的照片。在这张照片中，土地里有很多裂缝，你能找出哪一条裂缝是最先出现的吗？

021. 逃出荒岛

尼克被困在一个荒岛上了，他需要一只小船逃出荒岛。他所在的小岛周围有很多类似的荒岛，他需要经过其他岛才能到达有小船停靠的那个小岛。每个小岛上都有一个守护者，如果尼克要去另一个岛，必须在那个岛上找到和他所在的岛有相同物品，才可以跳过去。依此类推的话，你知道尼克该选择什么样的路线吗？

022. 奇怪的植物

西德博士新培育出了一种植物，这种植物长得有些奇怪。西德博士又成功种植了3棵这样的植物，可是现在他发现其中有一棵植物长得和其他的有些不一样。到底是哪一棵呢？看看左面这幅图，我们来找一找吧。

023. 巫婆的大门

巫婆将可爱的小仙女贝拉困在了她的荒院里，她在门上施了魔咒，小仙女必须从门下面出发，找到正确的路线到达门上面的EXIT处，才能成功解除咒语，逃出荒院。你能帮她找到正确路线吗？只能通过铁栅栏的空隙处才可以哦！

024. 漂亮的花布

摩西家里有一块漂亮的花布，他剪出了几块小布片，打算做手工玩具。现在他的桌子上放着几块小碎布，我们可以将这些小布片和大花布对比一下，看看哪一块小布片不是从大花布上面剪裁下来的？

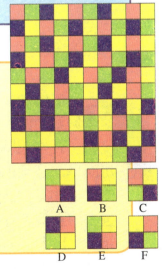

025. 镜子中的人

镜子是生活中很常见的东西，镜子中的你和现实的你有什么区别吗？如果你有很好的分辨力，请帮右面这位士兵找出他在镜子中的真实影像吧！或许他是第一次照镜子呢！

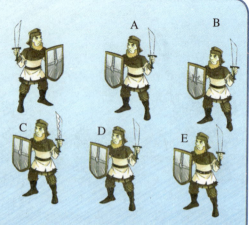

026. 这是谁的影子

在黑夜中我们都可以认出自己的亲人或者朋友，哪怕只是一个黑影。既然这样，我们何不尝试根据一个人的剪影猜出这个人的形象呢？左面是一个滑雪的女孩，根据女孩的剪影，你能找出哪一个是她的正确形象吗？

027. 寻找百宝箱

大盗埃利来到一座城堡，他探到在这个城堡中的一处小阁楼里藏着一个百宝箱。百宝箱就放在阁楼四层最靠边的房间里，必须通过墙壁上的小洞和连接的管道才能到达那里。埃利本人是爬不进去的，他要让他的助手飞猴爬进去把箱子取出来。你知道飞猴该选择哪条路线吗？

028. 不同的图画

星期天，几个伙伴聚在一起打扑克，爱画画的罗琳把大家玩闹的场景画了下来。罗琳画了两张画，它们看上去是一样的。但如果你仔细辨认，会发现这两张画还有不少不同之处。你找到了吗？把它们标出来吧。

029. 躲债的人

劳伦斯是个赌鬼，欠了一屁股赌债无法偿还。债主追上门讨债了，他只好躲进一家理发店，请理发师给他重新换个发型，并化了妆，以暂时逃过债主的眼睛。债主追到理发店时，在镜子里看到了3个人的脸，你能帮他认出哪个是劳伦斯吗？

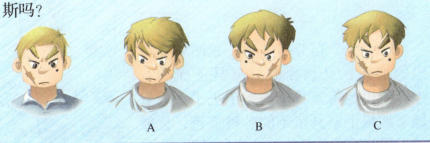

A　　　　　B　　　　　C

30. 扩建游泳池

贝蒂家需要重新扩建游泳池，已知她家的游泳池是如右图形状的，游泳池的4个角上分别设有一个座椅。现在不动原游泳池，也不动座椅的位置，该如何使游泳池的面积增大一倍呢？

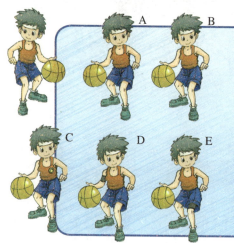

031. 镜子里的人

杰姆很喜欢打篮球，他想知道自己打球的样子有多酷，便在镜子前照了又照。左图中的几个选项是他在镜中的影像。但仔细辨认一下，你会发现其实只有一个影像是对的。请把对的那个找出来吧。

032. 搬出的家具

玛丽是个勤劳的姑娘，她刚擦完家里的地板，又想要清扫家具下面的灰尘，所以她将家具全部搬出去了。看看她家地板上家具留下的各种痕迹，你能猜出那些地方曾经放着什么东西吗？

033. 幽默的故事

黛西画了一组故事图，总共有6张。可是现在顺序打乱了，你能根据这些图片的内容，帮黛西重新理好顺序吗？

034. 神奇的转角镜

一只小老鼠不小心将一个圆柱形的瓶子打翻了，瓶子的表面类似一个凸面镜，在镜中老鼠发现自己的样子非常有趣。然后它将瓶子翻转90度，将瓶子竖起来，这时候小老鼠看到的自己是什么样子的呢？

035. 搭房子

4个小朋友一起到户外玩耍，他们打算搭建一个小房子。房子的支架已经搭好了，只是才放了4块木板。现在，从小房子的正上方往下俯视，你能看到什么图案呢？

036. 图形变身

欧娜有一个用彩纸卷成的三棱柱小盒子，很漂亮的。可是调皮的小狗派迪却将这个盒子给拆开了。右图的几个选项是几张不同的展开图。请你仔细辨认，并拼接一下，看哪一个展开图可以重新拼接起来，做成欧娜的小盒子呢？

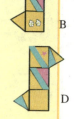

037. 找蝌蚪

左图的这只蝌蚪是由两个简单的小图形组成的。罗斯想在左面的这个图中也找出相同的蝌蚪图案，并涂上颜色。你觉得他能找到吗？你来帮帮忙吧。

038. 化装舞会

约翰和他的3个小伙伴打算去参加化装舞会。现在他们已经化好了妆，有的戴着面具、有的戴上了帽子。根据上面他们没有化妆之前的照片，试着找找他们化妆之后是哪一个吧？将上下两幅图一一对应起来。仔细观察，相信这难不倒你。

039. 找背影

请仔细观察下图，从所给的4幅图中找出所给女孩艾伦的背影照片。

040. 谁最高

南希在电影中看到左面的这幅图画，一时有些迷惑。这3个人中谁最高呢？仔细观察这幅图，你能帮助南希吗？

041. 剩了多少奶酪

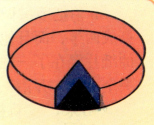

艾琳在纸上画下了右面这个图形，它看上去像是一块奶酪被切掉了一块。可是，再看一看，它又像是只剩下一角的奶酪。你知道是怎么看的吗？

042. 直线还是曲线

课堂上，老师拿出一张图片，让同学们看这张图片上的线条是直线还是曲线。很多同学马上举手回答，结果只有汤姆一个人答对了，你知道汤姆的答案吗？

043. 比三角形

美术老师在黑板上画了两幅图，让同学们比较一下位于这两幅图中间的两个三角形，看看这两个三角形哪一个大，或者还是一样大？你也来做做吧！

044. 拼纸片

乔治把萝敏做的一个圆纸片撕成两半，而且他还把这些撕坏的纸片混在了一堆纸片里。萝敏哭个不停，乔治正着急把这些碎片找出来，重新拼起来还给萝敏。你能帮他这个忙吗？

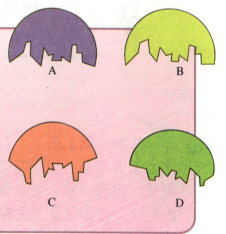

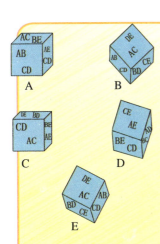

045. 找相同的图案

李老师在课堂上拿出几个正方体纸盒子，每个盒子的各个面上都有着不同的字母。你能找出哪两个正方体上的字母是相同的吗？

046. 数字迷宫

王子要寻找公主，必须穿过一座迷宫才行。奇特的是，这座迷宫是由数字组成的，路线很复杂。请你帮帮王子，要怎样才能不走冤枉路，顺利通过迷宫，尽快找到公主呢？

047. 哪条路最长

右面是4条由同样多的方砖铺成的小路，它们迂回曲折。现在比一比，哪一条小路最长呢？看看你的眼力和脑力够不够好。

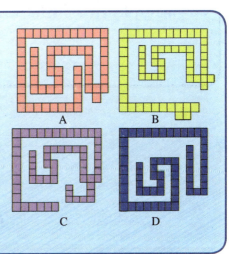

048. 看图片

仔细观察下边的这几样物品，你能发现它们有什么共同特点吗？认真思考一下，这可是我们日常生活中常用的物品哟。

049. 找人

仔细观察右图，你能从图中找出一张女人的脸和一个正在演奏吉他的人吗？请用不同颜色的笔在图上画出来。

050. 比较半径

左面有3条曲线，哪条曲线的半径最大呢？

051. 比较大小

辛迪是个很聪明的孩子，他很喜欢给小伙伴们出题。一天他对伙伴们说："我这有两张图片，你们比较一下，看看椅面的形状是不是一样的？还是有大有小呢？"你看出来了吗？

052. 动物比大小

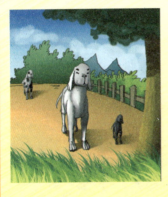

电视机中出现了左面的情景，正在看电视的伊娃对妹妹说："伊芙，你看里面的三个动物，猜猜前面的那只白狗和后面的那只斑点狗哪一只大？"伊芙笑了一下说："这还不简单！"她马上说出了答案。你知道哪只狗大吗？

053. 哪条更长

吉米和吉娜在一起做数学题，吉米看到了左面的这个图形，问吉娜："你看这两条桥，一条与两岸相交，一条没有，它们哪一条更长呢？"吉娜看了半天，觉得下面那条长，是这样吗？你来仔细辨认一下吧。

054. 符号图形

下面有5个立方体图形，你能从中找出含有相同符号的两个面吗？

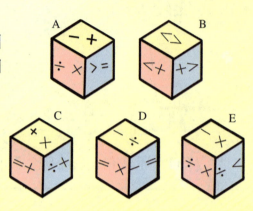

055. 漂亮的萝莉

右面是萝莉和朋友会面时拍的照片。这张照片还没有进行处理，你能从中看出头部属于哪个身体吗？

056. 宠物狗

萝拉在过4岁生日的时候照了一张照片，但是由于角度的原因，拍摄出来的照片看起来有些不一样。你能从这张照片中看出什么吗？

057 转动的月亮

观察下面的图形，看看哪一幅图不同于其他的图形？

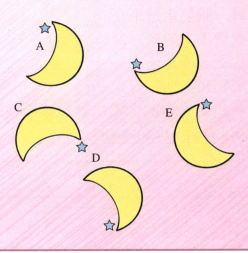

058. 变换笑脸

卡瑞纳在看一张图片，上面有快乐和忧伤的表情。现在他想把笑脸和忧伤的表情对换，你能帮助他变换一下图片上的心情吗？

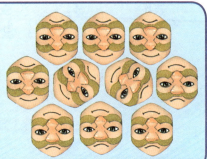

059. 隐藏的图形

贝蒂娜拿着一幅图片，被好朋友琳达瞧见了。她看着这幅图片，大声说出了那个动物的名字。但是贝蒂娜说，她看到的是另一个动物。那么你呢？

060. 肖像图

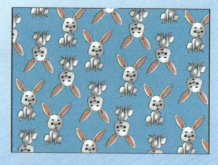

卡桑德拉在看一幅多重的肖像图。这时，奶奶走过来在对面瞅了一眼他手上的图，说道："怎么这么多的兔子。"卡桑德拉听了奶奶的话，有点疑惑地问："奶奶，难道你不知道你这样看图，是倒着的吗？"奶奶说没有倒。你知道为什么吗？

061. 找规律

下面有4个选项，请问哪一个可以放入第六个图形中？

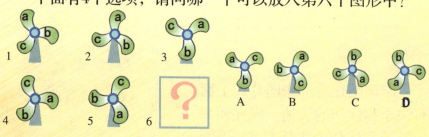

062. 小丑在哪里

美术课上，老师在黑板上画了一幅画，很多人都看不懂老师画的是什么？老师说："我画的是小丑，看看你们谁能在最短的时间内把他们找出来。"你能从画中找到几个小丑呢？

063. 数份数

安伯问安达："我给你1分钟的时间，你能从右面的这些图中看出哪个图形被分成的份数是最多的吗？"安达得意地笑了，说："一秒钟就够了！"那么，你呢？

064. 不同的图形

老师问："安吉拉，黑板上的这几幅图有什么不同之处吗？"安吉拉听了老师的提问，仔细地观察这些图形，很快就找到了答案。其中有一个图形与众不同，你知道是哪一个吗？

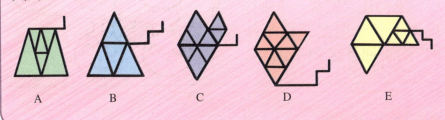

A　　B　　C　　D　　E

065. 找出错误的图像

尤杜拉在用一张彩纸折叠正方体，她从不同的角度看正方体，折叠出来的正方体表面花纹也不同。下面是她折叠出来的几种图形样子，其中有一个是折叠不出来的，你知道是哪一个吗？

A　　B　　C　　D　　E

066. 图形的关系

喜欢图形推理的朋友们赶紧看过来吧！

如果1对应2，那么3对应A、B、C、D中的哪一个？

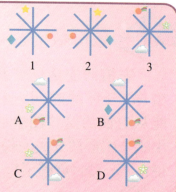

067. 画图形

美术课上，老师在黑板上面画了一组图形，如右图所示。这组图形是根据一定的规律画出来的，老师让大家找一下规律，并说说下一个图形应该是什么样的？你能回答这个问题吗？

068. 数一数

萝丝是一个刚刚上任的小学数学老师，她很喜欢和学生们一起玩思维游戏。一次，萝丝对大家说："我们来玩图形游戏吧。"说完，她便在黑板上画了如上两个图形，让同学们来数一数图1中包含了多少个正方形，图2中包含了多少个三角形。你也一起加入吧。

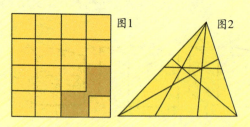

图1　　图2

069. 特别的图形

哈瑞在黑板上画了一组图形，要求同学们找出这组图形中哪个图形是比较特别的。有人问："是考对称图形吗？"哈瑞的回答是否定的。可是大家怎么也找不出其他的方法了，你能找出那个特别的图形吗？

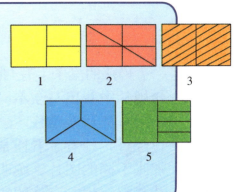

070. 大家来找茬

(1)

A   B   C   D

(2)

A   B   C   D

我们一起来找找左面两组图形中哪一个与其他的不一样吧。考考你的头脑是否够聪明。

071. 数数图形

汤姆觉得数学课最有趣的就是数图形了，今天他又做对了图形题，得到了老师的夸奖。现在，汤姆拿来了他做过的题目，让大家一起看。题是这样的：仔细观察下面3幅图，图1有几个梯形？图2有几个正方形？图3有几个四边形呢？我们一起数数吧。

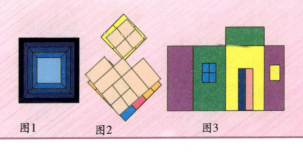

图1   图2   图3

072. 聪明的贝拉

玛莎的桌子上有4张图片，老师让她从中找出与众不同的一张，这下子可把玛莎难住了。幸好这时贝拉经过，她看了看便帮玛莎找出了那张不同的图片。聪明的你也快来找找吧，说不定你的速度会超过贝拉呢！

073. 不一样的图片

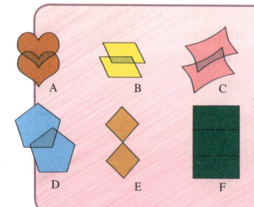

请仔细观察左面的几组图形，它们中间有一个摆放方式与其他的不一样，你能把这组不一样的图形找出来吗？

074. 彩色卡片

安迪的彩色卡片掉了一地，他捡起卡片，摆放整齐之后决定用胶带将它们粘在一起。可是家里只剩下3条短胶带了，安迪要怎么样才能将所有卡片粘在一起而不重叠呢？

075. 海盗的宝藏

一群海盗刚得了一大笔宝藏归来。休息的时候，有人建议玩一个游戏，他拿出9块金币，要求画出4条直线将这9块金币连起来，并且要一笔连成不能重复。思考一下该怎么做吧！

076. 吉姆兄弟

周末妈妈打算带一个儿子去参加聚会，可是吉姆兄弟谁都不愿守在家里。妈妈只好出了一道图形题：根据前一幅图的规律，选出第二幅图中问号处是什么图形。谁先找出正确答案谁就可以参加聚会。你会比他们找的更快吗？

077. 德西和杰西的画

德西画了3个小男孩，他让好朋友杰西也画出具有同样规律的图画。现在，杰西已经画了两个了，我们猜猜杰西的第三幅画是下面哪一个呢？

078. 茱莉亚的漂亮盒子

茱莉亚有个好看的盒子，她的好朋友萨拉非常喜爱。玩弄半天后，盒子散架了，这下可急坏了萨拉。还好，她又把盒子重新组合好了。请看看下面的展开图，A、B、C、D哪个选项不可能是组装后的盒子的模样？

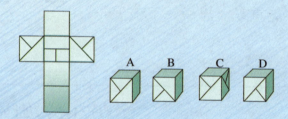

079. 找出 7 块木板

左面的这个图形，表面上看是一个整体，但是其实它是由7块木板组成的。你能想出来这7块木板是怎么组合的吗？

080. 找规律

如右4个大的长方形，每一个长方形都是由12个小正方形组成，正方形里面有很多不同方向的箭头。找出箭头的规律，然后选出A、B、C、D中哪一个是符合图形规律的。

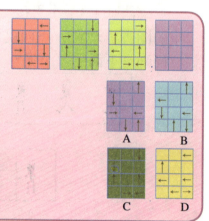

081. 差了哪一块

绘图课上，老师给大家画了一个模板，让同学们照着它来画。可是调皮的米亚不小心把模板弄掉了一块，你知道缺失的部分是哪一块吗？选出正确的一项。

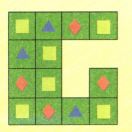
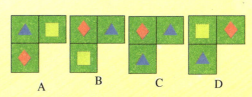

082. 切开的橙子

罗莱娜把一个橙子切开，发现它的剖面像花瓣一样好看。她把半个橙子转一下就是A图，再转一下就成为B图。这时，她把转成B图形状的橙子吃掉一瓣。那么，少掉的那一瓣是什么形状的呢？

083. 粘照片

查尔前几天去春游，拍了很多风景照片，可是他调皮的妹妹却将他的5张照片都撕成两半了。查尔很着急，赶快拿来胶水准备粘好这些照片。或许这对于查尔来说很简单，因为他认识这些风景，可是对于我们来说就有些难度了。快来试试，看能不能凭眼力找出5张完整的照片。

084. 玩转盘

布兰奇和邦妮在玩转盘游戏，他们看着转盘在不停地转动，发现了中心的那个红色小圆有变化。你也来观察一下，看看那个圆有什么变化呢？

085. 变弯的筷子

芬妮常常见到筷子在插入水杯后，会变弯了。请问，她看到筷子在杯子中的位置和筷子实际的位置是一致的吗？

思维滑翔篇

001. 转动的齿轮

卡尔正和伙伴们在实验室研究齿轮的转动问题。卡尔将齿轮1按照逆时针方向转动，转动同时带动其他的齿轮也一起转动，那么卡尔和他的同伴们会发现齿轮4是如何转动的呢？

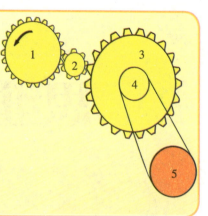

002. 两个火车头

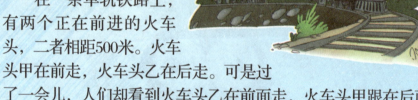

在一条单轨铁路上，有两个正在前进的火车头，二者相距500米。火车头甲在前走，火车头乙在后走。可是过了一会儿，人们却看到火车头乙在前面走，火车头甲跟在后面了。你觉得有这种可能吗？如果有的话，那是怎么回事呢？

003. 用桶量湖水

从前，有个有智慧的国王在大臣们的陪同下，来到御花园散步。国王瞧着面前的水池，忽然灵机一动，出了一道题目考问身边的大臣："这水池里共有多少桶水？"众臣一听，面面相觑，全答不上来。国王发旨："给你们3天时间考虑，谁回答上来就重赏！"看完这道题，你知道该怎么回答吗？

004. 离奇失踪案

一位富翁和他的妻子外出旅行，在旅游景区，富翁的妻子意外失踪了。在外人眼中，富翁一向与妻子相当恩爱，妻子突然不见了，他非常伤心。因为找了几天都没找到人，富翁只好先自己返回家中。可是后来，航空公司的售票员向警方提供了一个情况，富翁被警方逮捕，并被认为与他妻子的失踪有关。警方是怎么判断的呢？

提示：①售票员并不认识富翁和他的妻子，也没见过他们。

②如果没有售票员提供的信息，警方没有理由逮捕富翁。

005. 窗户上的数字

A市发生一起绑架案，一名女警察在调查该案的时候被打晕在所住的饭店里。当地的警长带着助手赶到现场，只见女警倒在窗下，头部受了重伤。警长急忙叫来救护车，把她送进医院。之后，警长仔细勘察现场，

发现在窗帘背后的窗户上，有女警用口红写下的一行数字：809。他又从女警的包里找出一张小纸条，上面写着："已查到3名疑犯，其中之一就是案犯。3名疑犯的代号是608—杰克，906—乔治，806—罗伯特。"警长沉思片刻，指着纸条上的一个人说他就是绑架犯。根据警长的判断，很快将案犯抓捕归案。请问绑架犯是谁，警长是凭什么得出结论的？

006. 唱歌与剪羊毛

两兄弟都很讨厌枯燥的剪羊毛工作，工作时爸爸不允许他们说话。老大很想唱歌，问妈妈："剪羊毛的时候可以唱歌吗？"爸爸回答不行"不行"。老二也想唱唱歌，舒缓一下心情，但他换了一种问法，结果得到了爸爸的许可。你知道老二是怎么问的吗？

007. 骑马思维

国王为挑选继承人，给两个儿子出了道难题："给你们两匹马，白马给老大，黄马给老二，你们骑马到清泉边去饮水。谁的马走得慢，谁就是赢家。"请问，怎么样才能确保必胜？

008. 空满相间

桌上有6只玻璃杯，并列排成一行。左面的3个杯盛满饮料，右面3个杯是空的。如果使空杯和满杯相间排列，必须移动几个杯子？若只移动一个杯子，便可达到要求，你能做到吗？

009. 巧妙过河

有3组人物——A.猎人、猎人的猎狗；B.老爷爷、孙子a、孙子b；C.老奶奶、孙女a、孙女b。条件：

1. 只有一条小船，小船一次只能运两个人物过河（比如，猎人和狗或两个人）；

2. 只有猎人、老爷爷、老奶奶这三人能撑船；

3. 当猎人不在猎狗旁边时，猎狗会咬其他任何人物；

4. 当老爷爷不在孙子a、b旁边时，老奶奶会打他们；

5. 当老奶奶不在孙女a、b旁边时，老爷爷会打她们。

请问，如何才能让这8个人物安全过河？

010. 猎人过河

有2名勇敢的猎人到雪山深处去打猎，他们被一条冰河挡住了去路。冰河太宽而且水又急又凉，游泳过去是不可能的，因为太冷了可能被冻死；绕过去呢，又要多走几天的路，带的食物要不够用了；而且由于大雪封山，根本找不到木材做船渡河。他们只好在河边商量对策。两个猎人经过冥思苦想，终于想到了一个办法安全地渡过了冰河。你知道他们是用什么好办法渡河的吗？

011. 科学家的最后愿望

一个科学家做了一辈子的科研，可是他此生最大的愿望却一直没能够实现。在他最后要退休的时候，他告诉自己所有的徒弟们，他此生最大的愿望就是能够亲眼看一次西边升起的太阳。当他说完这些话后，很多弟子都以为老师是不是老糊涂了，太阳怎么可能从西边升起呢？科学家正要失望地离开时，一个弟子站出来说："老师，我可以帮您完成您的心愿。"

科学家立刻兴奋起来，但是随即又黯淡地问道："你不会是通过用镜子或电视之类的反射方式让我看到吧？我要的不是那些，而是真正的太阳从西边升起。"这个弟子连忙说道："当然是真正地看到，不是通过反射方式。"

最后，这个弟子真的带着科学家去看了从西边升起的太阳，了却了他一生的愿望。你知道他的办法是什么吗？

012. 正午锄禾

"罗莱娜，你会背中国的唐诗吗？"艾米问好朋友罗莱娜。"我会背这首：锄禾日当午，汗滴禾下土。谁知盘中餐，粒粒皆辛苦。"罗莱娜背完后，艾米又提出了一个问题："你知道为什么要在中午锄禾吗？"罗莱娜想了想说："正午应该是气温最高、天气最热的时候。"艾米又问："中午这么热去锄禾，对庄稼好吗？"罗莱娜陷入了沉思，她不知道为什么要在正午锄禾。那么，你知道吗？

013. 修栅栏

地主普尔斯准备在一段长99米的路边围一圈新栅栏，每两个栅栏相隔3米，柱子之间有3根横杆。

于是他拿来了33根栅栏，99根横杆，以及99米长的围栅栏用的铁丝。但是他却不能完全围成想要的栅栏，为什么呢？

014. 苏军攻略

第二次世界大战后期，在攻打柏林的战役中，一天晚上，苏军必须向德军发起进攻。可那天夜里，天上偏偏有星星，大部队出击很难做到保持高度隐蔽而不被敌人察觉。苏军元帅朱可夫思索了许久，做出一个大胆的决定，使得苏军很快突破了德军的防线获得胜利。你知道苏军元帅是怎么做的吗？

015. 测量山脉

托米是一位伟大的探险家。一次，他在测量一座高山时，在距离山顶还有100米的时候突然安全绳断开了，他滑倒了。等他抓到东西爬起来的时候，却惊奇地发现自己已经站在山顶上了。没有别人的帮助，他也没有爬那100米，你知道托米是如何到达山顶的吗？

016. 巧妙进城堡

伟大的亚特兰斯的城主下了一道命令，不许外面的人进城堡，也不许里面的人出去。看守城门的人非常负责任，每隔5分钟就走出城门巡视一番，看看是否有人想偷着进出。乔巴有急事要找他的朋友商量，可是看守又那么认真负责，怎么样才能趁看守不注意，偷偷溜进城堡呢？乔巴想到了一个好主意，顺利进入城堡。你知道他是怎么做的吗？

017. 安全的手术

安德鲁国王得了急性盲肠炎，王后为他请来了3位医术高明的医生，并要求他们立刻轮流为安德鲁国王动手术。因为当时瘟疫肆虐，任何人都有可能带有病毒，所以国王和3个医生，以及3个医生之间都不能有接触，以防止感染。但是由于事情仓促，他们只有2双消毒手套可以用。要怎么做才是安全的？

018. 几个人能脱险

一天，尼罗河的河水由于雨季的到来暴涨起来。有3个人被困在一棵倒了的大树上，眼看更大的洪水就要到来了。这时，河面上有两个小孩子正划着一条小船过来，他们想帮助这3个被困的人。可是由于船太小了，一次只能够搭载一个成年人。请问，要怎么做才能把所有人都安全救上岸呢？

019. 新婚夫妇

有一对新婚夫妇感情特别好。一天，丈夫下班后就去医院接妻子，但是医院的护士却告诉他："你的妻子正在手术中。"丈夫便问："什么手术啊？"护士说道："阑尾炎。"

然后，丈夫就慢悠悠地坐在了医院的长椅上，等着妻子，没有一点儿担忧。这是怎么回事呢？

020. 如何抉择

伍德刚刚买了一辆时尚的小汽车。一个下雨天，当他开车经过一个站牌时，看到有3个人正在站牌下等公交车。其中一个是病得很严重的老大爷，需要马上到医院接受救治；一个是前不久刚刚为他成功做手术，救过他的医生；还有一个竟然是他从小就一直暗恋的女孩。然而，伍德的高档汽车此时只可以容下一个人乘坐，这可让伍德难以抉择了。到底如何做才能够得到最好的结果呢？

021. 走私案

哈伊德是一位经验丰富的海关人员，负责检查走私货物，他曾经破获了大量的走私案。最近，细心的他发现每天都有一个骑着自行车，带着一大包干草的人来到海关，他认为此人非常可疑。出于职业敏感，哈伊德拦下了这个人检查，却没有任何发现，干草包里面什么可疑物品也没有，哈伊德只好放行。可是凭借多年的断案经验，哈伊德认定此人是一名走私贩，无奈没有什么证据。而这个"走私疑犯"每天骑着自行车带着一包干草过境，海关却一直一无所获。你知道此人走私的是什么物品吗？

022. 姐妹俩

一天，姐妹俩商量好要把花园的小屋打扫干净。干完活之后，一个女孩的脸上脏兮兮的，而另一个女孩脸上则干干净净的。脸上干净的女孩跑去洗了脸，而脸上脏兮兮的女孩子却没有去洗脸。为什么会这样呢?

023. 价钱算错了吗

古力特正在商店里面买东西。奇怪的是，如果他买一个东西，得85元。但是如果买2个东西，就得70元。

如果买3个东西，就得55元。古力特觉得不可思议。你知道这是为什么吗?

024. 妙运艺术品

约翰在埃及买了一件艺术品，是一根由千年古木做成的手杖，长为1.7米。他打算坐飞机把它带回家。可直到约翰即将登机的时候才发现埃及航空公司规定携带的货物长宽高都不得超过1米。手杖的长度是1.7米，这可急坏了约翰。这时，旁边一位白胡子老先生走过来，帮他想了一个办法，让他顺利将手杖带上了飞机，而且既没有损坏手杖，又没有违反航空公司的规定。请问老爷爷想了什么办法呢?

025. 穿越撒哈拉沙漠

有一个旅行家想要穿越撒哈拉大沙漠，至少需要6天才能完成这趟旅程，即使是当地的脚夫也需要6天时间。已知，每个人只能携带供一个人食用4天的干粮和水。根据这些条件，这个旅行家想要成功穿越撒哈拉大沙漠，他需要雇佣几名脚夫？

026. 岔路追击

清晨，查克接到报警电话急忙赶去，在街边发现一名受伤的警员。警员告诉查克，他是被凶手用刀刺伤的，凶手行凶后，骑了一辆路边停放的自行车逃跑了。随后，警员给查克指出了凶手逃跑的方向。查克叫来了救护车，然后自己沿着凶手逃跑的方向追去，但是没走多远，出现了一条岔路。这是一处上坡路，正在施工，路面上有一层沙土。查克仔细观察了路面，发现两条岔道上均有自行车的车辙。往左手边的路上车辙一深一浅，往右手边的路上车辙深浅一致。查克略加思索，果断选择一条路追去，不久就追上了凶手，并将凶手抓捕。请问，查克选择的是哪条路，为什么会这样选择？

027. 有几个天使

一个旅行者碰到甲、乙、丙3个美女，他不知道这三人哪个是天使，哪个是魔鬼。天使只说真话，而魔鬼只说假话。甲说："在乙和丙之间至少有一个是天使。"乙说："在甲和丙之间至少有一个是魔鬼。"丙说："我告诉你正确的消息吧。"你能判断有几个天使吗？

028. 行驶的轮船

河道上有A、B、C3艘大小一样的轮船相继而行，迎面又开来D、E、F同样的3艘轮船。问题是，河道很窄，只能容一艘轮船通过，若两艘轮船想同时在河道上错开的话，那是不可能的。不过，在河道的一边有一段河湾，那里可以停靠一艘轮船。如果想要6艘轮船都按原先的路线前进，能实现吗？（提示：轮船可以后退。）

029. 难解的血缘关系

比尔、哈文和罗西之间有血缘关系，而且他们之间没有违背道德伦理的问题。现在知道他们当中有比尔的父亲，哈文的唯一的女儿和罗西的同胞手足。但是罗西的同胞手足既不是比尔的父亲也不是哈文的女儿。你知道他们当中哪一位和其他两位性别不同吗？

030. 波尔教授的幻灯片

1896年，波尔教授在英国伦敦的埃及礼堂展示了一个著名的幻灯片游戏。在这个游戏中，3张扑克牌并排放着，正面朝下，其他人只能看见扑克牌的背面。波尔教授给出了如下线索：有1张扑克牌是2，它在K的右边；1张方块位于1张黑桃的左边；1张A位于1张红桃的左边；红桃扑克牌位于黑桃的左边。那么，你能推断出这3张扑克牌分别是什么吗？

031. 不同的职业

这样3个职业人，分别是莫妮卡、法比安和罗西纳。他们每人身兼两职，3个人的6种职业是作家、音乐家、美术家、话剧演员、诗人和工人，同时还知道以下的事实：

①音乐家以前对工人谈论过对古典音乐的欣赏；

②音乐家出国访问时，美术家和莫妮卡曾去送行；

③工人的爱人是作家的妹妹；

④作家和诗人曾经在一起探讨"百花齐放"的问题；

⑤美术家曾与法比安看过电影；

⑥罗西纳擅长下棋，法比安和作家跟他对弈时，屡战屡败。

请辨别他们的职业各是什么？

032. 羊吃草

吉姆斯牵着一只羊来到树下，他用一根3米长的绳子拴住羊的脖子，让羊在树下吃草，他自己就去割牧草了。他把割来的牧草放在离大树6米远的地方就又去割草了。等他又一次割草回来后发现，羊把他刚割回来的草吃光了。他检查了一下，羊脖子上拴着的绳子也没有挣断，也没有人解开绳子。你知道羊是怎么吃到草的吗？

033. 谁先到家

三兄弟外出回家，他们走到车站，准备车一来就马上跳上去。可是等了半天都不见车来。大哥的意见是坚持等一会儿。二哥说："干吗要这样一直傻等着。我们可以往前走，等车来了，赶上咱们，咱们已经走出一段距离了，这样能更早回家。"三弟说："不对，我们应该往回走，这样我们能更快地遇到迎面而来的车，我们也就能更早地跳上车，回家也就更早了。"

三兄弟各执己见，谁也无法说服谁，便各自按照自己的想法去做了。大哥留在原地，二哥往前走，弟弟往后走。那结果会如何呢？

034. 巧克力和奶糖

凯特、金妮和简三人去超市，她们每人要的不是巧克力就是奶糖。

①如果凯特要的是巧克力，那么金妮要的就是奶糖；

②凯特或简要的是巧克力，但是不会两人都要巧克力；

③金妮和简不会两人都要奶糖。

请问：谁昨天要的是巧克力，今天要的是奶糖？

035. 雪地上的脚印

在一个严寒的早上，天下起大雪。马克偷了爷爷珍藏多年的一个大花瓶，然后离开家，经过一片空地，将花瓶藏到了邻居家一座废弃的空房子内。之后，他原路返回家里。为了不让人怀疑是他偷的花瓶，马克通知爷爷花瓶丢了，并报了警。没想到，前来查案的警员很快就找到了花瓶。并且，警员根据留在雪地里的脚印，指出马克就是小偷。你知道他是怎么判断的吗？

036. 英国士兵的孩子们

英国退役士兵汤米的3个孩子如今都是部队里的军官，他们分别是1976、1977、1978年出生的。从以下线索中，你能说出这3个孩子的出生年份、各自服役的部队类型以及他们所属部队驻扎的地方吗？

①在皇家工程队的阿托肯军官出生于1977年；

②在皇家炮兵队的大卫·阿托肯肯定要比驻扎在奥尔德肖特的兄弟年轻；

③詹姆士·阿托肯不在步兵团；

④布莱恩·阿托肯驻扎在伦敦的一个步兵团里。

⑤其中有一位军官驻扎在罗切斯特。

037. 富足的法国人

有一个很有钱的法国商人，8年前在香榭丽舍大街接近戴高乐广场的地方开了一家餐饮店，生意一直都很红火。主厨安德里先生的厨艺越来越棒，吸引着更多的客人前来光顾。他最拿手的是鸡肉料理，春鸡和鹅肝的搭配是绝配。餐厅有大小包间30余个，每逢周末都是需要提前订座位的。最近饭店还和当红女歌手蜜雪儿签约，蜜雪儿不定时到餐厅表演，使得这位法国富翁越来越有钱。请问，这位法国富翁的年纪有多大？

038. 飞机事件

已知：有N架一样的飞机停靠在同一个机场，每架飞机都只有一个油箱，每箱油可使飞机绕地球飞半圈。注意：天空没有加油站，飞机之间只是可以相互加油。如果使某一架飞机平安地绕地球飞一圈，并安全地回到起飞时的机场，问：至少需要出动几架飞机？（注：路途中间没有飞机场，每架飞机都必须安全返回起飞时的机场，不许中途降落。）

039. 爱说谎的人

查罗是个非常爱说谎的人，不过，经过人们的教育和劝说，他由每天都说谎改为只有在星期一说谎，其他日子说的都是真话。请问，关于日期的回答，查罗只有在星期二才能说的话是什么？

040. 酒店老板的女儿

一个大雪纷飞的下午，富有的酒店老板波朗先生来到女儿洛蒂的公寓，一进门，他就看到自己的女儿被捆绑在床上，手脚都不能动弹。波朗大吃一惊，急忙为女儿解开绳索。洛蒂扑到爸爸的怀里，哭诉道："昨天深夜，有个蒙面男子闯进我的房间，把您让我保管的财物都抢走了。我还被他绑在床上……"波朗先生一听，马上就报了案。他又看了看女儿的房间，一切如常，炉子上烧的一壶开水正在沸腾起来，显然歹徒似乎没有翻过其他东西。不一会儿，罗克警长赶来，他勘察过现场后，问道："房间里的东西，你们都没动过吗？"波朗和洛蒂都回答说没有。罗克说："这就对了。洛蒂小姐，我想根本就没什么蒙面歹徒，是你自己把自己绑在了床上吧？"他为什么这么说呢？

041. 烹饪比赛

艾伯特是一个很有名的厨师，最近几年都以较大优势获得了金勺子厨师大奖。今年的金勺子大赛上，有这样一个题目："如果你只有2个沙漏，一个沙漏是15分钟，另一个是12分钟，那么你如何才能确切掌握18分钟的烹饪时间呢？"就是凭借在这个问题上的完美解决，艾伯特又一次毫无争议地获得了金勺子厨师大奖。你想想，艾伯特是怎么做到的？

042. 小费

　　卡拉汉是巴伐利亚餐厅里面行走最快但是却最邋遢的一位服务生。正是由于他行走过快，因此经常将客人的衣服弄脏。一天，一位顾客被卡拉汉弄脏了衣服，他很愤怒地只给了卡拉汉1毛钱的小费，并恶狠狠地说："你把我的衣服弄脏了，我就给你1毛钱小费。但是，如果你能在不接触桌子、盘子以及这1毛钱硬币的情况下把硬币取走，我就赏你25元小费。"卡拉汉想了想，顺利地拿走1毛钱硬币，那位客人只好再给了他25元小费。你知道卡拉汉是怎么做到的吗？

043. 猜牌问题

　　S先生、P先生、Q先生他们知道桌子的抽屉里有16张扑克牌：红桃A、Q、4、黑桃J、8、4、2、7、3、草花K、Q、5、4、6、方块A、5。约翰教授从这16张牌中挑出一张牌来，并把这张牌的点数告诉P先生，把这张牌的花色告诉Q先生。这时，约翰教授问P先生和Q先生："你们能从已知的点数或花色中推知这张牌是什么牌吗？"于是，S先生听到如下的对话：

　　P先生："我不知道这张牌。"

　　Q先生："我知道你不知道这张牌。"

　　P先生："现在我知道这张牌了。"

　　Q先生："我也知道了。"

　　听完以上的对话，S先生想了一想之后，就正确地推出这张牌是什么牌了。请问：这张牌是什么牌呢？

044. 感觉

如果将手放入100℃滚烫的开水中，即使只停留3秒钟，也会被严重烫伤。那么，如果将手放入150℃的空气中，停留5秒钟，这只手会怎么样？

①彻底烧坏，这只手彻底报废；

②感觉暖暖的，不会被烫伤。

请问，哪一种情况对？

045. 糊涂的答案

一位驼背的老人和一位瘸腿的年轻人路过一个陌生的村庄，对面走来了一位中年人。好奇的中年人问年轻人："驼背的老人是你的父亲吗？"年轻人肯定地回答"是"。中年人又到前面去问老人："后面瘸腿的那位年轻人是你儿子吗？"老人否定地回答"不是"。中年人有点糊涂了，于是又一次问年轻人："驼背的老人是你的父亲吗？"年轻人仍肯定地回答"是"。中年人又到前面去问老人刚才问的那个问题，得到的回答仍是否定的。但是事实上，老人和年轻人都说的是实话，想想老人和年轻人是什么关系？

046. 彼得的梦

彼得做了一个非常奇怪的梦。梦中，1位守门员的身体越来越小，最后变成了一个乒乓球；而铁球的体积却迅速膨大，变成了一个超级巨大的铁球。铁球疯狂地到处乱滚，想把那个拼命飞奔的乒乓球压碎。请问，在不离开地面的情况下，乒乓球怎么样才能够逃生？

047. 家庭成员

爷爷汤姆森曾经讲过这样一个故事：在他的一次生日宴会上，有10位家庭成员，此外还有许多客人。其中，有1个祖父和1个外祖父、1个祖母和1个外祖母、3个父亲和3个母亲、3个儿子和3个女儿、1个婆婆和1个岳母、1个公公和1个岳父、1个女婿、1个儿媳、2个兄弟、2个姐妹。那么，你能判断出参加祖父生日聚会的家庭成员关系吗？

048. 牙科医生

一天，科尔突然肚子疼就去医院看医生。在内科诊室里，科尔却看到之前给他看过牙齿的牙科医生走了进来，小科尔就纳闷：牙科医生来干吗？

049. 谁爬的楼梯多

约翰和詹姆的家都住在空中花园小区的1号楼。约翰家住在10楼，詹姆家住在5楼，每层楼的楼梯都是一样高。约翰对詹姆说："每天我们一起上楼，我要比你多爬一倍的楼梯。"詹姆想了一下，觉得不对劲，可是也想不出哪里不对。你觉得约翰说的话有问题吗？他每天比詹姆多爬多少楼梯呢？

050. 夜明珠在哪里

达拉斯的夜明珠丢了，于是他开始四处寻找。他来到了山上，看到有3个小屋，分别为1号、2号和3号，夜明珠就在这3个小屋中的一个屋子里。从3个小屋里分别走出来一个女子，1号屋的女子说："夜明珠不在此屋里。"2号屋的女子说："夜明珠在1号屋内。"3号屋的女子说："夜明珠不在此屋里。"这3个女子，其中只有一个人说了真话。那么，谁说了真话？夜明珠到底在哪个屋里面？

051. 粗心的汤姆斯先生

粗心的汤姆斯先生将自己的一叠钱币不小心落在了客厅的茶几上，等他想起来的时候却发现钱已经不见了。家里只有他的两个孩子吉米和雷米。吉米说："是的爸爸，我看见了。我把它们放在了你的书房里，并用一本黄色封面的书压住了。"雷米说："爸爸，我也看见了，我把它们夹在了黄色封面的书的113页和114页之间。"汤姆斯马上知道了谁在撒谎。你知道为什么吗？

052. 贫穷的莱德

　　莱德由于家道中落，生活穷困潦倒，甚至身上连买一盒好烟的钱都没有。他只能自己想办法卷烟来满足烟瘾，烟头是捡来的，烟草是从没有抽完的烟头里面积攒下来的。尼古丁能用4个烟头卷一支烟，他好不容易集齐了15个烟头，可是他却卷出了5支烟，他是怎么做到的呢？

053. 天气和比赛

　　甲、乙、丙三人都是象棋高手，他们同住在一个城市，约定每月进行一次象棋比赛。可是，棘手的问题是，甲、乙、丙都有些怪癖，对天气各有特别的要求。甲讨厌下雨，雨天不出门，只在晴天或阴天出去；乙不喜欢阳光，只有阴天或雨天出门；丙最讨厌阴天，晴天和雨天还可以。根据三人的情况，你觉得他们有可能在一起进行比赛吗？如果有的话，那该怎么安排？

054. 假证词

　　一个寒冷的冬天，小镇上的火锅店生意兴隆，整个店里热气腾腾的。可是，没想到因为人多，柜台里放的收款箱竟然不见了。老板很快报了警，警察来到现场，找到一名戴墨镜的目击证人。这位证人说："我当时刚走进店里，就看到一个小个子男人抱着钱箱子匆匆从门口出去。我还以为是店里的伙计，没想到竟然是窃贼。"警官问："你进火锅店的时候也是戴着墨镜吗？"证人说："是。"警官马上指出他在撒谎，理由是什么呢？

055. 最后的赢家

有一张正方形的桌子，两人先后在桌子上放置同样大小的硬币，谁能在桌上放上最后一枚硬币谁就是赢家。如果让你先放，怎么样才能保证你一定能胜利？（注意：硬币不能叠放。）如果把正方形的桌子换成长方形、菱形、平行四边形或者正六边形呢？

056. 乘车

阿拉贡乘上一辆公共巴士前往波士顿，他惊奇地发现买票的人（阿拉贡已经买过票）占了全车人数的1/3，一直到了波士顿，司机和售票员也没有要求另外2/3的人购买车票。你知道这是为什么吗？

057. 圣诞老人

圣诞节到了，5位圣诞老人约好一起去吉姆家参加圣诞聚会。他们都不是同一时间到达吉姆家的：A不是第一个到；B紧跟着A到达吉姆家；C既不是第一个到达也不是最后一个到达；D不是第二个到达吉姆家；E在D之后第二个到达吉姆家。你知道他们到达吉姆家的先后顺序吗？

058. 天平

炎热的夏季到了，新鲜美味的西瓜又上市了。这一天，气温高达40℃，有一个卖瓜的小贩为了把西瓜卖个好价钱，搬来了一个冰柜卖起了冰冻西瓜。为了吸引顾客，小贩拿出一架天平，在天平的一端放上一个大西瓜，另一端放上与西瓜一样重的一块冰，这样天平刚好平衡。考考你，一直这样放着，天平最终会倾向哪边？

059. 弹钢琴

擅长弹钢琴的人令人羡慕，这不是因为他们的手指有什么特别之处。每个人的手除拇指外，其他4个手指长度各有不同，其中最短的是小指。不过有人说最长的是无名指，而不是中指，这指的是什么意思呢？

060. 射瓶子

阿费莱、基克斯和马丁是警察局公认的3名神枪手。一天，3位神枪手聚在一起比赛，看看到底谁的枪法最好。他们准备了一张桌子，桌子上有4个瓶子，大家约定看谁用最少的子弹射倒瓶子就算胜利。阿费莱用了3枪射倒了4个瓶子，基克斯用了2枪射倒了4个瓶子，但是马丁只用了1枪就射倒了4个瓶子。你知道3人分别是怎么射击的吗？

061. 反插裤兜

发挥一下你的想象力，怎么才能把你的左手放入右边的裤兜里，而同时又将右手放入到左边的裤兜里呢？好好想一想，也许很简单，你就做到了。

062. 过河

甲、乙两个人在同一时间来到了河边，他们都想要过河，但是河上并没有桥，河边只停着一条小船。问题是，小船一次只能载一个人过河。可是，两个人很开心地打了招呼就都过了河，未发生任何矛盾和争吵。这是怎么一回事呢？

063. 吃梨子

数学课上，老师给大家出了一道题：如果5个人用5分钟吃完5个梨子，那么100个人吃完100个梨子需要多少分钟？波特看了题，不假思索地说："当然是100分钟了。"结果大家都笑他。你知道大家为什么笑吗？

064. 热气球

3个人乘坐一个大热气球正在空中飞行，但是他们遇到了风暴，在风暴中热气球的点火装置坏了，他们在没有动力的情况下将要飘落到海里。如果能减轻一点重量的话，热气球或许能飘过大海，到达对面的陆地。于是这三人开始扔热气球上的东西，但还是超重了。于是3个人当中必须有一个人牺牲自己来换取剩下两个人的安全。他们一个是著名的物理学家，获得过诺贝尔物理学奖；一个是伟大的发明家，发明了很多东西；还有一个是一名心脏病专家，拯救过很多人的生命，那么他们三人当中究竟该牺牲哪一位呢？

065. 猫侠阿郎

猫侠阿郎说："在宇宙中的某一个星球上，当你扔出一块石头后，石头只会在空中飞行一小段距离后就停顿在半空中，然后再飞回来，当然石头不是碰到什么东西被弹回来的。"你知道阿郎说的是哪个星球吗？

066. 奇怪的车轮印

一天，街道上发生了一起车祸事件。事故发生后车主就逃跑了，不过在事发现场地面上留下了车子的轮胎印，警察到场后立刻对轮胎印进行采样。搜查的结果，找到一辆和事发车轮印完全相同的车子，于是便找来车主问询。然而，车主却说他那天并没有将车子开出停车场，而且有停车场的管理人员可以作证。警察们一时陷入困境，这辆车子怎么会在案发现场留下车轮印的呢？

067. 谁是真正的神枪手

有一个射击手，枪法并不是很准。一天，教练为所有射击选手出了一道难题，让他们每个人都把眼睛蒙上，走出50米，然后射击他们挂起来的帽子。所有神枪手都没有做到，唯有那个不擅长射击的人做到了。你能想到他是怎么做的吗？

068. 是不是双胞胎

萨拉和贝西出生的年、月、日都相同，而且她们的爸爸、妈妈也是相同的。但是班上的同学好奇地问她们是不是双胞胎时，她们两异口同声地说"不是"。你知道是什么原因吗？

069. 高分怎么取得

一次期末考试，共有20名学生参加，试卷上一共有30道题，全部答对的同学并没有得到高分，而未全答对的却得了高分，而且老师在审阅试卷的时候并没有出差错。那得高分的同学是怎么取得的成绩呢？

070. 黑帽子和白帽子

有4个人在做游戏，一人拿了5顶帽子，其中3顶是白的，2顶是黑的。他让其余的3人——A、B、C站成三角形，闭上眼睛。他给每人戴上一顶白帽子，把两顶黑帽子藏起来。三人睁开眼睛，只能看到别人的帽子，看不到自己的，但他们需要猜出自己帽子的颜色。三人互看了一会儿，开始没人说话，最后都正确说出自己戴的是白帽子。他们是怎么推出来的？

071. 袋鼠跳高

森林里面的动物们一起组织了一场跳高比赛，很多动物都聚到了一起，高高兴兴地来参加比赛。可是在比赛当天，所有动物还没有开始比赛呢，刚上场的袋鼠就输了，这是怎么一回事呢？

072. 拔萝卜

傍晚的时候，林顿和山姆各自带着他们的儿女去菜园里拔萝卜。拔了一会儿之后，林顿告诉山姆，他拔的萝卜数的个位数字是2，他的儿子拔的萝卜数的个位数字是3；山姆说他拔的萝卜数的个位数字也是3，他小女儿拔的萝卜数的个位数字是4。他们所拔的萝卜的总和是某个数的平方。你能根据这些信息，猜出林顿的儿子是谁吗？

073. 分割模板

亨利是一位集成电路设计师，他手上有一块电路模板，现在要把这块模板分割成4部分，要求每一部分的面积和点数都相同。你知道他应该怎么分割吗？

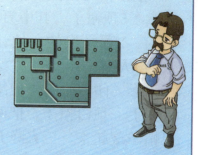

074. 为谁辩护

有一位特别能干的律师，每次离婚诉讼的时候，这位律师都为女方免费辩护。一天，这位律师自己也离婚，律师仍然站在女方一边，为妻子免费辩护，并最终为妻子赢得了高额的离婚所得费。然而，离婚之后这位律师并没有变得穷困潦倒，当然他也没有其他机会获得额外的费用。这到底是怎么回事呢？

075. 少了的鸭子

两个父亲和两个儿子一起去河边捉鸭子，最终每个人都捉到一只鸭子。但是他们的鸭子总共加起来只有3只，那一只鸭子跑到哪里去了呢？

076. 科学家之谜

有一个科考学家去极地探险，当他走到一个地方后，他见到了可爱的熊宝宝。之后他往南走1公里，又往西走了1公里，最后向北走了1公里，可是最后他发现自己回到了原点。这是怎么回事呢？你能猜得到他是到了哪里吗？

077. 6 只羊

可爱的麦琪生活在美丽的草原上,从小和羊群一起长大。一天,麦琪的爸爸拉了6只羊到集市上去卖,麦琪知道后特别伤心。等到下午爸爸回来时,不仅拿回了钱,而且6只羊也一只不少地跟在爸爸身后,麦琪很奇怪,这到底是怎么回事呢?

078. 失盗

一位富商买了一块世间罕见的钻石,非常珍贵。他要把这块钻石送给远在国外的妻子,为了安全起见,他特别聘请了一支配带武力设备的保镖队护送钻石。可是,当保镖队带着钻石一起上了飞机后,不久钻石就被盗了。保镖人员和钻石一直寸步不离,而且也没有任何一个保镖人员监守自盗。那究竟是怎么回事呢?

079. 聪明的科学家

卡卡是一位杰出的科学家。一次他发明了6种不同药效的药剂,需要把它们区别开来,于是他就让助理去商店买6种不同的标签。可是助理做事却非常粗心大意,竟然买错了,只买了1~4的4种标签。卡卡十分生气,不过他灵机一动又想出了一种办法,就用仅有的4种标签来区分开了6种药剂。你知道卡卡是怎么做到的吗?

080. 艾瑞克和蛋糕

一天，艾瑞克家里要来客人，妈妈把屋子收拾得特别干净，地面上还铺了漂亮的花地毯。艾瑞克看见妈妈把一个漂亮的蛋糕摆在桌子上，桌子下面就是地毯。妈妈离开家的时候告诉他不可以踩地毯，艾瑞克看着那个蛋糕特别嘴馋，可是根本不可能不踩地毯就伸手够到蛋糕。那么，艾瑞克如何能既不弄脏地毯又可吃到蛋糕呢？帮他想一个好主意吧。

081. 捡鸡蛋

一个精明的农妇总喜欢把自己的鸡赶到邻居家的菜地里去，邻居家的菜被她家的鸡给糟蹋得毫无收成。邻居特别生气，但是也不好意思直说，整天垂头丧气的。村里面的其他村民都看不下去了，就给这个受害者出了一个点子。他照做了一次后，那个农妇就再也不把自家的鸡赶到邻居的地里面了，你能想到他是怎么做的吗？

082. 猜地名

小王老师教了一群外国留学生。一天，她想考考大家对中国地理的了解程度，便出了几个谜语，每个谜面打一个中国地名：四季如春、夏天穿棉袄、大楼入口处、空中码头、堵车、相差无几、仙人岭、初次见面。大家都开始讨论起来，你知道这些地名各是哪里吗？

083. 增大体积

如果地球上所有的东西长度都变为原来的2倍，换句话说，就是所有的测量工具都变成原来的2倍，那么你的体积会增大多少倍，体重又将会比原来重多少倍呢？

084. 鱼缸与小鱼

乌鸦想要喝到瓶子里面的水，就往里面扔石头，当石头装满瓶子时，水就会溢出来，这样它就可以喝到水了。如果我们往装满水的鱼缸里面放小鱼，鱼会把多余的水喝掉，还是水会从鱼缸里溢出来呢？你可要仔细考虑一下哦。

085. 梅利和蚯蚓

梅利是一个特别调皮的孩子，是小朋友们中的孩子王。一天，他和几个小朋友在花园里面玩，他们拿着小铲子在地上胡乱的翻铲，翻出5条蚯蚓。

梅利一不小心就把其中的一条蚯蚓用小铲切成了3截，其他的小朋友都以为蚯蚓死了。但是，过了一会儿，他们发现蚯蚓不但没死，而且5条变成了7条。你知道这是怎么回事吗？

086. 鸡蛋踩不破

露西特别喜欢逗小伙伴们玩，老是给他们夸大其词地讲一些故事。一天，她对一群小伙伴说："我可是会魔法的哦，我可以一只脚踏在鸡蛋上，鸡蛋却不会

碎，很厉害吧！"大家都很惊奇，这怎么可能做到呢？到底是小露西撒了谎，还是有什么其他的秘密在鸡蛋上面呢？大家一起来想想吧。

087. 暴怒的国王

曾经有一个残暴的国王，天生残疾，独眼独腿。有一天，他忽然想找人为自己画一张画像，于是便在全国范围内寻找优秀的画家。很多画家都被召来，可是国王对他们的画并不满意，他们不是将国王画得十分完美，就是把国王的残疾给画了出来，这一切都令国王十分生气，他下令逮捕全国所有的画家，并把他们关进牢里，不让他们再动画笔。直到有一天，最后的一位画家也被士兵抓来了。在宫殿里，他请求国王给他最后一次机会作画，国王答应了。后来，国王看了他的画之后，不仅赏赐他很多的财物，而且释放了其他被关的画家。你知道这个聪明的画家是怎么做到让国王满意的吗？

088. 聪明的应试者

一家国内最大的销售公司在全国范围内高薪诚聘一位高级销售人员，并且向所有人提前公布了考题，谁能够答出来，谁就可以获得这个岗位。但是很多人看到这个刁钻的考题都被吓了回去，原来应试者需要面临的考题是将木梳推销给和尚。

几个月过去了，一直没有人能够完成这道考题。但就在最后期限快要结束的时候，这家销售公司意外收到了多家寺庙的木梳订单。原来有一名应试者在这期间，拜访了多家寺庙，并且让他们都主动下了多份订单。最后这位年轻的应试者被公司正式录取了，你知道他是怎么做到的吗？

089. 超车

乔森的爸爸最近购买了一辆新型的小汽车，周末的时候便带着一家人出游。当他们开车沿湖浏览风景的时候，乔森通过后视镜看到后边很远处一个很破旧的小汽车正在缓缓地行进，离他们的车子越来越远。河边的路只是2米多宽的单行道，只能容得下一辆车子行走。乔森兴奋地大喊："爸爸真棒，新车的速度就是快。"可是当他再一次掉过头来时，却发现那辆破旧的小汽车竟然走在了他们车子的前面，乔森特别惊奇，这辆慢腾腾的小汽车什么时候超过了他们的汽车呢？而且路面那么窄也没有办法开过去啊？你能猜到这是怎么回事吗？

090. 巧过隧道

麦瑞尔是一个出色的司机，有着多年的驾车经验，常常往返于A、B两个城市之间搬运货物。一天，老板给他安排了一项新任务，就是把一个柜子从A城连夜送到B城。然而，在A、B两城之间有一个隧道，柜子是正方形的，放在车上刚好比隧道高了一点，导致车无法前进。麦瑞尔思来想去终于想到了一个巧妙过隧道的办法，顺利通过隧道，准时将货柜运送到了B城。你们知道他用的是什么办法吗？

091. 红黄弹珠

明天就是露西的10岁生日了，露西特别想得到她期盼已久的那个可爱玩偶，她希望哥哥能帮她达成这个愿望。可是露西的哥哥并不想给妹妹玩具，便对露西说："我口袋里面有红、黄两个弹珠，如果你能够取出红色弹珠的话我就帮你买那个玩偶，但是如果你取出的是黄色的，那就不能提买玩偶的事了。"

露西同意了，她觉得自己有赢的可能。可是在玩游戏的时候，她却发现哥哥偷偷放进口袋的两颗珠子都是黄色的。这样，不管她取出哪一个，都是黄色的。大家快来帮帮可爱的露西吧，看看有什么办法可以不让哥哥耍赖，买玩偶给她呢？

092. 比画

从前，王国里有两个特别出色的画家。在国王举办的一次画画比赛中，一个画家的画特别逼真，得到国王赐给他的"全国最尊贵的画家"的称号。可是另一位画家很不服气，他并不认为自己胜不过那位画家，总想找机会重新与他比试一下。

一天，他想见那位画家，就来敲对方家的门，可是他敲了很长时间里面也没有反应。于是他就在门外大声叫那位画家的名字，那位画家听到声音后，请他进去。可是当他走到门前，准备掀起门帘时，却是真正地服了那位画家，从此以后再也不去找那位画家比试了。你知道是怎么回事吗？

093. 怎样讲解

有两个法国留学生都到德国去留学，一个学生会说韩语和英语，另一个学生会韩语和德语。他们走到一个学校门口的时候，看到门口竖着一个告示牌，告示牌上用德语写了一些内容，当然，只有会德语的学生看懂了。那他要怎么样去给另一个学生讲解，才能让同伴很容易就听懂告示牌上的内容呢？

094. 无法让座

周末的交通异常拥挤，一辆在首发站准备出发的公交车上已经坐了很多的乘客。一位女士走上公交车，坐在了最后剩下的一个位置上。这时，车上却上来一位年纪特别大的老人，这位女士特别想让这位老人也坐下，可是她却没有办法把自己的位置让给她，你知道是什么原因吗？

095. 出国旅游

波特一家在暑假的时候选择全家人去法国旅游。在旅游的途中，因为波特的爸爸、妈妈都不会讲法语，所以沟通起来特别困难，走到哪里都感觉不方便。可是小波特却并没有感觉到有什么不对劲的地方，一路上玩得很开心，这是为什么呢？

（说明：波特并不会说法语。）

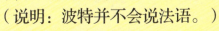

096. 化学老师的谎言

有一个特别喜欢炫耀的化学老师，总是喜欢夸大其词地说自己有多么大的本事。有一次，他告诉实验室的其他老师，说自己发明了一种液体，可以溶解任何的东西。其他老师都很惊讶，想见识一下这到底是什么样的液体。这时，这位化学老师的导师走了进来，问了化学老师一个问题，这位化学老师就立刻面红耳赤地逃跑了，再也不吹牛了。你能猜出化学老师的导师问了他一个什么样的问题吗？

097. 分粥

有一个相当贫困的家庭，家里面有8个孩子，一家总共10个人住在破烂的房子里面，每天分食一锅粥。但是家里面并没有相同大小的碗，所以在吃粥时往往很容易引起矛盾，所有人都抢着吃粥，每次的粥都不能够平均分配。你能为他们想一个简单的办法，解决他们的分粥问题吗？

098. 巧偷钻石

有一个珠宝爱好者酷爱珍藏珠宝，他有一条非常珍贵的钻石项链，这是一条镶着25颗钻石的项链，这25颗钻石成十字架排列，并且不管从左往上数，还是从右往上数，答案都一样。

珠宝家经常将他这件至宝展示给朋友们欣赏，一天，一个朋友不小心在欣赏项链的时候把项链绳子给弄断了。珠宝家只好拿着项链去找首饰匠修理。没想到项链的秘密被首饰匠发现了，首饰匠在修理项链的时候悄悄地偷走了几颗钻石，但在项链送回来的时候，珠宝家并没有发现有什么异样。你知道首饰匠在哪里动了手脚吗？

099. 多少钱可以买到可乐

周末的游乐场里，玩累了的哈尼和查理都特别想买一瓶可乐喝。可是当问过售货员阿姨后，两个人却都买不起可乐。哈尼的钱差2元，查理的钱差2分，把他俩的钱合起来还是不够。到底多少钱才可以买到可乐呢？

100. 会变形的石料

一个石匠在采石的时候发现了一些神奇的石料。第一天它们是圆形的，第二天它们却变成了椭圆，第三天又直接变成了长方形。而且在这几天内，并没有任何人雕刻过这些石料。那这些石料是怎么样变形的呢？

101. 染布

从前，有一个人总是喜欢在别人面前显示自己的才华，经常在大街上去难为那些做生意人，并且以此为乐。有一天，他经过一家染布店时，就想出了一个坏点子，去刁难店主。他走进去对老板说："老板，我要染一块布，但是颜色不能是赤、橙、黄、绿、青、蓝、紫中的任何一色，当然了更不能是黑白的。"

店主被他的要求难住了，这什么颜色也不要，这样的布该怎么染呢？正当店主愁眉不展的时候，进来一个年轻人，听店主说了这件事情后，便给店主出了一个巧妙的回答，不仅解救了店主，更让那个自负的人灰溜溜地跑掉了。你知道年轻人是怎么说的吗？

102. 全家福

感恩节的时候，全家人都好不容易聚在了一起，所以大家就提议一起去照一张全家福。

在拍照的时候，照相师让大家喊1、2、3，喊到3时照相师就按下快门。可是总是有人坚持不到喊3就眨了眼睛，拍了好多次都没能够成功，把照相师急得不知如何是好。后来照相师助理提出了另一种方法，结果一次就成功了，拍出一张完美的全家福。你知道助理的办法是什么吗？

103. 买的什么东西

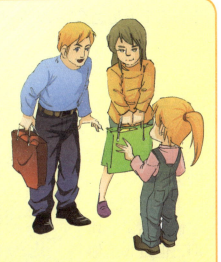

一天傍晚，艾米莉的爸爸和妈妈下班回来，各买了一样东西。艾米莉问爸爸："你买的什么啊？"爸爸回答："我买的东西啊，中文名是两个汉字，从左往右看，喝起来非常甜；从右往左瞧，会飞不是鸟。"艾米莉又问妈妈买的是什么，妈妈回答："我买的东西名字也是两个字，从左往右读，喝它很营养；从右往左看，走路非常慢。"艾米莉听完笑了笑说："我明天早上喝妈妈买的东西，晚上睡觉前喝点爸爸买的东西。"那你知道艾米莉的爸爸妈妈各买了什么东西吗？

104. 王子与灰姑娘

灰姑娘在舞会上与王子共舞，因为12点的钟声即将响起，所以灰姑娘急匆匆地离开了舞会，走得太急，掉下了一只水晶鞋。王子深深地被灰姑娘所吸引，在全国范围内寻找灰姑娘的下落。最后，有两个人都说自己是那只鞋子的真正主人。王子一时不知道如何区分，便对着两个姑娘说："我虽然不知道你们哪一个是与我共舞的人，但是你们可以试一下水晶鞋，穿上去的人就是鞋子的真正主人。"可是，当两个姑娘刚伸出脚的时候，王子便确定哪一个是他真正要找的人了。你知道王子是怎么判断的吗？

105. 死法

一个人犯了死刑，在快要被处决的时候，审判长对他说："你虽然犯了死刑，但是我给你一个机会，让你选择一种舒服的死法，只要你说出来我都会答应你的。"这个人便说了一种死法，虽然审判长很为难，可是说出去的话就要做到，于是这个人便被免去了死刑。你知道他选择了什么死法吗？

106.残疾人买东西

一个哑巴去商店里面买面包吃，他就一个劲地用手比划圆形的图案，然后做出一个用鼻子嗅的动作，老板便知道他要买的是什么东西了。可是如果是一个手有残疾的人去买饼干，他应该如何做才能让老板知道他要的是什么东西呢？

107.分辨生熟鸡蛋

洛熙的学校离家很远，需要住宿，妈妈经常为洛熙煮很多的鸡蛋，让她带到学校去吃。

一天，洛熙回到家里面取鸡蛋，却发现妈妈有事出去了。桌子上放了两盘子的鸡蛋，其中一盘是煮过的熟鸡蛋，一盘是生鸡蛋。但是，洛熙不知道哪一盘才是熟鸡蛋，你能帮她辨别一下吗？

108.误点了的飞机

露丝是个法国人，暑假期间去了美国度假。因为暑期机票比较紧张，所以她在离开法国的时候就已经买好了返程机票。露丝在美国度过了一个快乐的暑假之后，便准备回家了。可是，当她按照机票上的时间准时到达机场时，却被告知飞机已经起飞了。这时，露丝看了下手表，时间没有晚点啊？这是什么原因呢？

109. 聪明的富翁

一个国外来的富翁走进一家银行，来到信贷部坐下来。

他对银行职员说："我想借1美元，可以吗？"

"什么？1美元？"银行职员吃惊地张大了嘴，不过他还是接着说，"当然可以。只要有抵押，再多些也无妨的。"

富翁打开豪华皮包，拿出一堆股票、债券等，放在了桌上。

"总共值50多万美元，够了吧？"

"当然，当然！不过，您真的只借1美元吗？"

"是的，就1美元。"富翁回答。

"那么，年息为6%，只要您按时付出利息，到期我们就退给您抵押品。"银行职员按照章程说。

富翁办完手续，拿着借来的1美元就离开了银行。可是这位银行职员怎么也不明白：有50多万美元抵押品的人，为何要借1美元呢？你知道这是为什么吗？

110. 打不开的门

一个人被关在了一间封闭的房子里面，没有窗户只有一扇门，但是这个人再怎么使劲也没能拉开这扇门，他该如何出来呢？

111. 特异人

城里最大的珠宝店被盗，警察快速赶到现场，可是歹徒却劫持了一名人质，让警察不敢轻举妄动。歹徒一边后退，一边挟持着人质，当走出一段距离后，他迅速地甩开人质逃跑。警察紧随其后追捕，可是距离有点远，难以追上。这时一个警察急中生智朝歹徒的右腿开了一枪，可是出乎意料，歹徒似乎没有任何感觉，继续向前跑着。不一会儿，有一辆车出来接应，帮助歹徒逃离了现场。

所有人都十分好奇，歹徒明明腿上中枪，为什么没有在现场留下任何血迹，难道他就是传说中的有特异功能的人吗？不久后，警察终于将这个歹徒抓捕，也终于揭开了特异人之谜。你能猜到是怎么回事吗？

112. 贝尔的神秘鸡蛋

贝尔是一个聪明而调皮的孩子，老喜欢给伙伴们出一些难题。一天他拿着一枚鸡蛋问道："不在地上铺任何东西，谁能让这枚生鸡蛋自由下落2米而不破呢？"所有的小伙伴们都思考不出答案，贝尔得意地笑了。聪明的你，知道如何做到吗？

113. 盲人朋友的信

罗克和卡尔都是盲人，而且两个人的关系十分要好。罗克忽然生了非常严重的疾病，于是就把卡尔叫到他的身边，对卡尔说："我亲爱的卡尔，我恐怕不行了，在我走之前我想拜托你一件事情。我要立一封遗嘱，请你帮我保存，我走后我的遗产一半要留给我的儿子，一半留给我的弟弟。"

罗克的话被藏在门后新娶的妻子听到了，她因为罗克什么也没给她而生气。这时候罗克叫妻子帮他准备纸笔，妻子就去找来了纸和笔。不久罗克就去世了。卡尔把他的儿子和弟弟叫到跟前，告诉他们遗嘱的事情，可是罗克的弟弟和儿子打开信以后，发现信里面什么都没有。他们以为是卡尔侵吞了罗克的所有财产，便将卡尔告上了法庭。

法庭上，卡尔摸着信告诉了大家信上的内容，可是所有人都看到的只是一张白纸。这是怎么回事呢？

114. 细胞分裂

有一种细胞，可以一直不断地进行分裂，而且分裂的子细胞与原来的细胞性质是一样的。该细胞1秒钟分裂为2个，再过1秒钟分裂了的细胞继续分裂，即变为4个。一个细胞分裂成一个细胞组织需要30分钟。同样的细胞，如果从2个开始分裂，分裂成一个细胞组织需要多长时间呢？

115. 老人的年龄

　　老年人艺术团的成员们十分喜爱运动健身，而且他们还特别喜欢表演。一对外国夫妇来到公园散步，看到3个头发花白的老年人身体健朗，还做着很多惊险的动作，便询问起他们的真实年龄。一个老年人微笑着说道："我们3个的年龄分别是本、末、白。"老人的回答可难倒了这对夫妇。那么，你知道这三位老人的年龄各是多少吗？

116. 井底的青蛙

　　大家都笑话青蛙是井底之蛙，没有见过大天。青蛙十分难过，于是终于下定决心一定要爬出井口，去看看外面的天。可是潮湿的井壁很滑，青蛙每天可以向上爬3米，但又会下滑1米，整个井有9米。请问，可怜的青蛙要爬多少天才可以爬到井沿上呢？

117. 侦探柯南

最近，整座A城都被笼罩着一层阴霾，因为一连几天出现了很多起盗窃案件。警察局紧急召开特别会议，成立了专案组，侦探柯南被任命为此次专案组的主要负责人。这天，专案组接到密报，街心小区附近的宾馆出现可疑人物。柯南带着部下立刻赶到街心宾馆，隐藏在嫌犯的隔壁房间。所有警察都紧贴着墙壁想听出隔壁房间的谈话内容。可是听到的声音模模糊糊，一点也不清楚。

这时，柯南忽然想到一个办法，便派一个警察出去请来了一位医生。他从医生的就诊包里面取出一样东西，用它贴着墙壁，就可以把那伙人的谈话内容听得一清二楚了。他们果然就是盗窃团伙，正在商量着如何分赃。柯南带领部下，顺利将一伙盗窃犯全部缉拿归案。

你知道柯南是用医生的什么东西才听到窃贼们的谈话的吗？

118. 玩跷跷板

4个小孩玩跷跷板，当一边坐上A、B，另一边坐上C、D时，两边重量相等；当B和D互换位置后，A、D高于B、C；当跷跷板一边坐上A、D，另一边B刚坐上，跷跷板就压到了B的一边。根据这些条件，你来说一说，A、B、C、D这4个小孩的体重顺序是怎样的呢？

119. 巧赚钱财

两个相邻的国家因为争夺资源而闹得不可开交，于是甲国就降低乙国货币在甲国的购买率，宣布乙国的1元钱只可折合本国的9角钱。乙国当然不会就此罢休，同样在国内宣布甲国的1元折合乙国的9角钱。这可给边境上的某个人一个大好的赚钱机会，他借机赚了很多钱。你知道他是怎么做的吗？

120. 谁在说谎

有一个丹麦人和一个英国人是很好的朋友，丹麦人因为要出远门，便将一件珍宝托付给英国人代为看管。可是等丹麦人回来后，英国人却矢口否认曾有帮忙看管珍宝的事。万般无奈的丹麦人只好将英国人告上了法庭。

法庭上，法官问丹麦人："你将珍宝交给英国人的时候有证人吗？"

丹麦人垂头丧气地答道："没有。"

"那么你是在什么地方给他的呢？"法官继续问道。

"在一个小桥上。"丹麦人回答。

"那你现在去问问小桥，看它愿不愿意为你作证。"丹麦人半信半疑地离开了法庭。

过了一个小时，丹麦人没有回来，法官便问英国人："丹麦人现在应该快到了吧？"

英国人回道："没有那么快，那个桥很远的。"

又过了2个小时，丹麦人回来了，法官说："我已经知道谁在说谎了。现在，我宣判英国人将珍宝归还给丹麦人。"

你知道法官是怎么知道的吗？

121. 撒谎的帕特

5个女孩相约周末去卖报纸，可到了周末，只有4个女孩去了，帕特却迟迟未到。大家给她打电话，她也没接。当时，全城停电，街上人很多，所以4个女孩的报纸很快就卖光了。事后，大家问帕特为什么没去，帕特说她忘记当初的约定了，并埋怨大家没给她打电话。一个女孩说她们打过电话的，帕特则说："哦，可能是当时我正在用电吹风吹头发，没听到。"帕特刚说完，一个女孩便说她在撒谎。你知道是为什么吗？

122. 图形转移

西雅最近迷上了图形变化，于是经常缠着哥哥西德给自己出题目。西德随手画了几个图形，就让西雅高兴地做上半天。西德的题是：

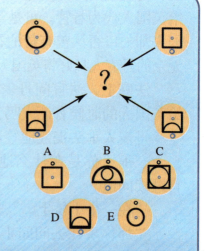

图中外围圆圈里出现的每个图形和符号，都将按照下面的规则转移到中间的圆圈里面——如果某种图形或是符号在外围的圆圈里出现1次：转移；出现2次：可能转移；出现3次：转移；出现4次：不转移。A、B、C、D和E5个选项中，哪一个应该放入问号处呢？

123. 米啦的猜想

大家都看过阿里巴巴和四十大盗的故事，故事里面的大盗们将所有偷盗来的珠宝藏在密室里面，打开密室的暗语就是：芝麻开门。这里有一个同样的故事：一个怪异的钢琴家被发现竟然是一位深藏很多年，犯案累累的盗贼。可是当警察对他家进行全方位搜查后，却并未发现任何珠宝之类的宝物。

后来，一位警察看到墙上挂着一幅名为《米啦的猜想》的画，于是他就赶忙跑到钢琴旁边按琴键。他按了两个键后，卧室背后的门忽然打开了，里面尽是珠宝珍玩。你知道他按了什么键吗？

124. 还有哪些

发散思维课是所有同学们最喜欢的课，因为在课堂上老师总是会给大家出一些题目，让大家去猜想，而且每一个人的想法都可能被肯定，答案并不是只有一个。一天，老师站在讲台上神秘地对同学们说："现在我问大家一个并不难的问题，但是我需要你们给出尽可能多的不一样的答案。题目就是：做什么动作必须要同时用两只手才能做到呢？"同学们叽叽喳喳地开始讨论了，如果这道题也是考你的，你有哪些答案呢？

125. 测量时间

　　小和尚刚刚来到寺庙，老和尚们经常难为他。一天，小和尚正在念经，老和尚拿着两根一样长短的香走了进来，对着小和尚说："这两根香什么时候烧完，你就什么时候停止念经。"

　　小和尚特别听老和尚的话，点燃一根香，等第一根烧完了，才点燃第二根。两个小时后，两根香烧完，他才去吃饭。小和尚正要端起饭碗的时候，老和尚却又拿出两根与之前同样的香给小和尚，告诉他15分钟之后才可以吃饭。请问小和尚没有任何计时器，怎么才能利用这两根香确定时间呢？

126. 向左还是向右

　　卡尔和皮克住在同一栋楼里的同一楼层上，而且他们在同一家公司的同一个部门上班。可是他们每天早上一起去上班的时候却是背道而驰，卡尔每天向左走，而皮克每天都向右走，这是为什么呢？

127. 哪里露马脚了

周末，倒角街区18楼的拔牙室里，珠宝大亨遭遇抢劫。半个小时后，警察根据目击证人牙医的供词，抓了一名嫌犯，他是刚刚出狱的汉尼斯。

法庭上，法官问道："汉尼斯，你可认罪？"

汉尼斯："法官，我是冤枉的。我根本没有抢过那个什么珠宝大亨。"

法官："可是有人说在那栋楼里见到过你。"

汉尼斯："18楼那个死胖子是冤枉我的。"

法官立刻就知道是怎么一回事了，最后汉尼斯以抢劫罪被判处三年徒刑。你看出他哪里露马脚了吗？

128. 笨笨乌龟的推理

龟兔赛跑的故事人尽皆知，骄傲的兔子最后输给了勤勤恳恳的乌龟。兔子很不服气，于是找到乌龟要重新来一场比赛。

可是乌龟说要再赛一场的话必须遵从它的条件，那就是它在兔子前10米开始起跑。乌龟想："兔子每秒跑1米，比我快10倍。如果我在兔子前面10米以外的地方开始跑，那么兔子就永远也不可能追上我了。"乌龟的想法对吗？

129. 兔子过河

两只小兔子要去河对岸的农夫家找萝卜吃，可是这条河因为很少有人路过，所以河上并没有桥。两只小兔子被急得团团转，这时候过来两个划着船的小孩，可是船只很小，每次只能载两个人，或者是一个人和一只小兔子，否则船就会沉下去。如果这两个小孩愿意将这两只兔子送过河，请问需要来回几次？

130. 老板请客

一天，5个人去餐厅吃饭，老板十分热情地招待了他们，5人吃完饭后就让老板请客。老板是一个非常吝啬的人，但又不好直接拒绝，就对他们说："你们5个人记下今天坐的位置，明天再按别的次序坐，以此类推，直到每个人把所有的椅子都坐过为止。等大家再次坐到自己今天坐的这个座位时，我就请大家吃饭。"

5个人都喝醉了酒，一想，这样的话5天以后他们就可以让老板请客吃饭了，于是便高兴地结账走人了。你认为他们几个人5天后能吃到老板请的饭吗？

131. 盗贼的谎言

一个盗贼团伙在市里面各大画展中心盗取了多幅名贵的画，警察经过多次侦查终于将他们一举抓获。盗贼团伙的头目向警察承认他总共偷过200幅画，他手下有25个同犯，这些手下每人分得了一部分，分得最少的那个分了1幅画，最多的那个分到9幅画，而且他们每个人分得的画都是单数。

警察听了他的话以后，立马断定，这个盗贼头目并没有说清楚真实情况，其中还另有隐瞒。你知道盗贼的谎言是怎么被警察看穿的吗？

132. 分享苹果

周末，小托马斯邀请他的11个小伙伴一起来家里玩耍。托马斯家的院子里有一棵苹果树，现在正好是苹果成熟的季节，大家便把树上的苹果全部都摘了下来。可是这棵树上只结了7颗苹果，而小朋友算上托马斯一共有12个，要怎么分呢？苹果也不大，没办法切成4块以上。这时候托马斯的姐姐凯丽走了过来，她让小伙伴们放心，说她可以把苹果为大家分好。

凯丽是怎么分苹果的呢？

133. 字母的差别

A Z R

Q L K J

I H G

　　艾佛在班上跟同学开玩笑，说谁能回答正确右面这道题，他就请吃两个汉堡。第二天，艾佛很不情愿地把汉堡给了同学。小朋友，看右图，哪3个字母与其它字母差别最大？你是否也能像艾佛的同学那样赢得汉堡呢？

134. 斗智

　　古代有一个头脑简单却自认为很聪明的家伙，总爱出风头。有一天，一个少年对他说："我这里有一块砖头，我把它放在地上，如果你能跨过它去，我就承认你是聪明人。"那个自以为是的家伙听后，哈哈大笑说："这有什么难的，你尽管放吧。"少年将砖头放在了地上，可是他怎么跨也跨不过去。你知道是怎么回事吗？

135. 自行车和火车

　　我们都知道自行车的速度远远跟不上火车。但是有个很聪明的人，却有办法让自行车和火车在同一方向同一速度前进。你知道他用的是什么办法吗？

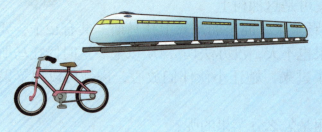

136. 让水不洒

在创新思维扩展课上，老师给同学们出了一道题，但是没有人可以做出来。让我们一起来看看下面这道题吧。

请你用手把装满水的杯子倒转过来，一直拿着，确保杯中的水不会洒下来。要求：杯子上不加盖子，杯中一定是液态水，而非冰或水蒸气。请问，应该用什么方法呢？

137. 谁先着地

卡桑德拉与卡米尔是一对双胞胎兄弟，但他们长得却一点都不像，而且卡桑德拉比弟弟卡米尔高多了。关于这二人的一个问题是：如果他们两个人站在同一条直线上，然后同时倒下。你觉得卡桑德拉和卡米尔谁的身体会先着地呢？好好想一想。

138. 图形规律

右面方格中的图形都是一个圆盘的一部分，你能不能在选项中选出符合规律的图形，填到问号处呢？

A   B   C   D

139. 钟表的秘密

钟表每天滴滴答答地响着，我们似乎都对这种现象已经司空见惯，然而你是否知道钟表所隐藏的秘密呢？看下面3个钟表的表面，它们各自显示的时间恰好可以打一个字，你能知道是什么字吗？好好想一想吧。

140. 摆木棍

邦妮从树林里捡来一大把整齐的小木棍，她把这些小木棍摆成了右面的阵列，让弟弟格林猜猜它们打一个什么成语。格林冥思苦想，皱起了眉头，你能帮帮格林吗？

141. 由4变8

乔思林是小镇上有名的大商贾，洛伦佐是一个乞丐。一天，小镇上的人都在茶馆里面喝茶，乔思林说："我现在有一张纸和一支笔，你们谁有办法从4上去掉4之后，让它变成8呢？"大家都被他这个问题弄懵了，说这根本不可能。可是洛伦佐站起来说他可以做到，在场的人都没人相信。乔思林为了让洛伦佐丢人，便说道："不如我们让洛伦佐来演示一下吧，如果他可以做到，我就给他100个金币。"令所有人没想到的是，洛伦佐竟然真的做到了。你知道他是怎么做的吗？

142.串冰糖葫芦

安利把9颗糖葫芦放成3排，正好连成了如图所示的图形。图中共有8串糖葫芦，每串3颗。如果还是3颗串一串，只添加两颗糖葫芦，你可以串出10串冰糖葫芦吗？一起来想想吧。

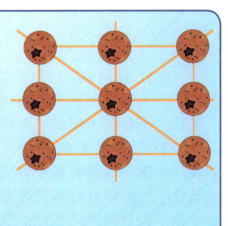

143.意外的礼物

海伦娜生日的时候心情十分低落，因为似乎所有人忘记了那天是她的生日，没有一个人送来生日祝福，于是海伦娜便早早地下班回家了。没想到，刚到家门口她就收到一份快递。海伦打开以后发现这是由4个盒子组成的礼物，大盒子里面套小盒子，里面的3个盒子中都各自放了4块很特别的糖果，外面的大盒子里则放了9块糖果。

盒子里面同时还掉出来一张卡片，原来是好友珍妮送来的生日礼物，海伦娜高兴不已。但是她接下来看到，珍妮还给她出了一道难题，让她必须使每个盒子里的糖果变成奇数之后才可以吃。这可让海伦娜为难了，她要怎么样才可以吃到糖果呢？

144.小城危机

　　古代的时候，两国作战，因为没有那么多的通讯工具，于是将士们就经常挂旗子以代表战事的轻重缓急。一座小城因为很少有战争发生，所以并没有准备多少旗子，总共就只有12面旗子，如右图所示。

　　一次，敌军突然来袭，因为两军力量相差悬殊，城主迫切需要向其他小城请求帮助。可是城里只有12面旗子，他要怎样挂才能让周边的小城都知道此城陷入严重危机了呢？

145.必胜的方法

　　A、B两个小孩子在一起玩圆形贴画的游戏。在图中9个方块的3、5、8位置上放置着3张贴画。A、B两个小孩轮流移动贴画，移动方向是从右向左，可以移动到任何位置，可以几张贴画叠加，把最后一张贴画放入1中的玩家即为赢家。如果他们总共只移动3次，让A先走，你可以帮他找到必胜的方法吗？

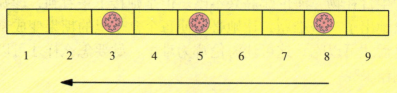

参考答案

魔法手指篇

001.最少的纸 最少需5张。正方形1是最大的，并形成了整个图形的框架；正方形2放在1的右下方；正方形3放在1的左上方（正方形2和3是一样大的）；正方形4放在3的左上角，正方形5放在最中间。如图所示：

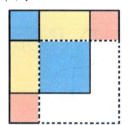

002.埃利的硬币 因为没有要求不能重叠，在"十"字中间有两枚硬币重叠放就可以了。

003.巧切字母 如图所示，就可以分为6块了。

004.魔法木棒 如图所示，只移动房顶上中间斜搭的那根木棒就可以了。

005.有趣的语文课 午、仁、云、丰、元、牛、井、毛、手、无、王、开、五、天、夫、月。

006.美丽的菜园 如图所示，在4种蔬菜旁围上篱笆就可以了。

007.盒子里的水果

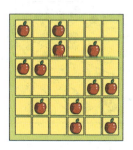

008.动物园的小路　如图所示，狮子们就不会碰面了。

009.画线条　如图所示，这样连接就可以了。

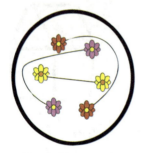

010.让椅子倒立　如图所示：

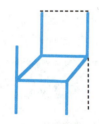

011.划分图形　如图所示，这样划分就可以。要放开思路，个别部分没有圆和花朵也符合题意。

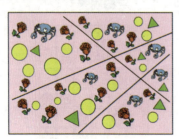

012.一笔作画　如图所示，这3个图形都可以一笔画出。

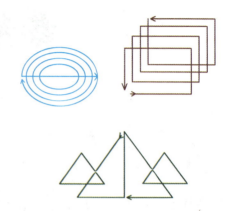

013.小蚂蚁找家　如下图所示，4只蚂蚁从左到右分别对应下面的第二、第三、第四、第一洞口。

014.火柴游戏　一共有12根火柴，我们可以发现用这12根火柴可以分别摆成一个边长为1和一个边长为2的正方形。原图的"井"字中间已经有了一个"口"，我们只需将其中3个角上的6根火柴移动到其中一个角上，就可以完成一个大的正方形了。

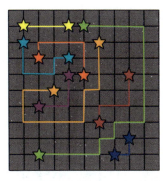

015.涂色游戏 如图所示，红色部分就是所隐藏的图案。

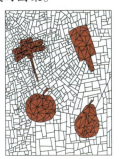

019.迷路的小朋友 各自的路线如图所示：

016.哪一根线 这条弧线和七彩虹中的内数第三条弧线构成圆圈。

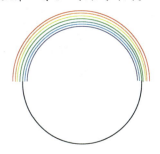

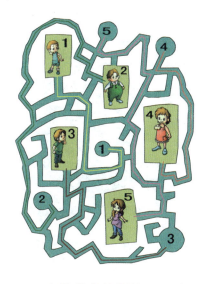

017.剪出正方形 如图所示：

020.水管带来的烦恼 如图所示，用线标出的水管即是连接二人的水管。

018.彩色星星 连线如图所示：

021.穿越迷宫　路线如图所示：

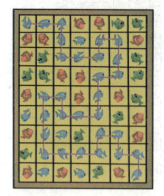

022.老鼠维克的路　路线如图所示：

023.翻转三角形　如图所示，移动"帅"、"相"、"仕"三个棋子，就可使三角形翻转方向了。

024.木板变变变　如图所示，可以把花瓶形状的木板切割、拼接成长方形和正方形。

025.解救蝴蝶　如图所示，是其中一种路线。

026.青蛙过马路　路线如图所示：

027.建房子　只需将房子转动90度即可。如图所示：

028.损坏的风筝　修好的风筝如图所示：

029.不安分的动物 如图，每个数字代表一种动物。

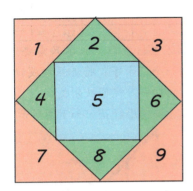

030.变数字游戏 设A→BC是A组扣从位置A移动到另一个地方，在移动到的地方与B和C相相触。移动的步骤依次是：（1→56）、（3→14）、（4→58）、（5→23）、（2→54）。

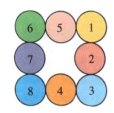

031.昆虫的房间

032.偶数星星 有2种方法，如下图：

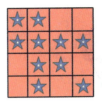

1   2

033.分十字形 如图，这样划分拼接即可。

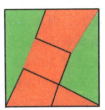

034.连出五角星 这是一道立体思维题，如果只从平面上考虑，当然是做不到了。但如果把纸的两端卷起来，对接在一起，再把5个点连起来就能画出五角星了。

035.放水果 如图所示：

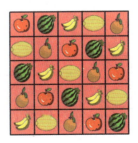

036.找交点组图形 会组成一个六边形，如图所示：

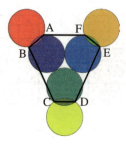

041.火柴堆

堆号	原有火柴数	第一次移动	第二次移动	第三次移动
第一堆	22	22-14=8	8	8+8=16
第二堆	14	14+14=28	28-12=16	16
第三堆	12	12	12+12=24	24-8=16

042.生日蛋糕　凯尔只需要先切两刀，切一个"十字"将蛋糕切成4块，然后再横向切一刀就可以分成8块了。

043.连接小红花　如下图所示：

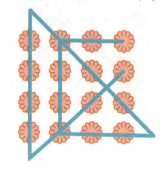

037.旋转的小鸭子　这实际是一个求最小公倍数的问题。4和5的最小公倍数是20，因此每个图形的边数乘以旋转的圈数等于20就是问题的答案。如此，正五边形旋转4圈，正方形旋转5圈，就可以再次出现小鸭子的形状了。

038.一样多的面包　如图所示，再补上3个面包，就很容易平分了。

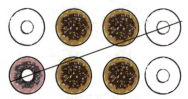

039.回家的路　路线如图所示：

040.转换图形　如图所示，就是艾拉想要的图形。

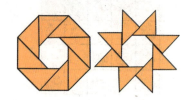

044.连成四边形　如下图所示：

045.摆火柴游戏　如下图所示，先用8根火柴拼成一大一小两个正方形和4个三角形，再将最后一根火柴折断，摆成十字放在小正方形中间，这样就是6个正方形了。

046.扑克牌点 按照下图所示的样子，将4张扑克牌放在一起，每张扑克牌的右上角都彼此相互重叠，就能只显出16个牌点了。

047.挪动木棒

048.梯形 如图所示，只需要移动下方4根火柴就可以将梯形倒置。

049.挂气球 气球的规律是：如果下方的2个气球不是同一个颜色，那么中上方的颜色是红色的；如果下方的两个气球是同一个颜色，那么中上方的气球是黄色的。上面的气球摆放如下图所示：

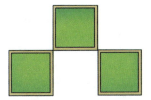

050.重新圈地 只需要移动3条田边即可，如下图所示：

051.分花园 如下图所示，这样建上3道篱笆就可以把7种花都分开了。

052.照片框 如图所示：

053.美丽的小彩灯 其实很简单，只要将这10颗小彩灯排成一个五角星，每个交点和顶点都放上一颗就可以做到。

054.翻转玻璃杯 无论翻转几次都不可能让杯子口全部朝向桌子。其实利用数学中的奇偶性，无论怎么翻转都不可能。

055.卡米的七色板 如下图所示：

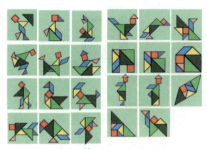

056.巧移画笔 如图所示：

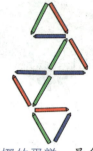

057.安娜的蛋糕 最多可以切成16块蛋糕，切法如图所示：

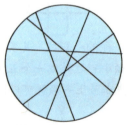

058.约翰的难题 移动一根火柴并放入3根火柴，可以得到四个正方形，如下图所示：

059.奇怪的图片 图形的摆放规律是：每一行和每一列的第三幅图都是前

两幅图的共同特征组成。

060.尼克的游戏 摆放方式如图所示：

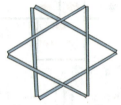

061.一笔画 画法如箭头所示：

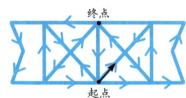

062.等分正方形 一共有6种不同的分割方法，黑色的粗线代表分割线（分法相同，只是分割线方向不同的未算在内）：

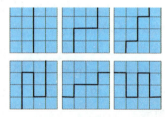

063.一个乞丐的智慧 如图所示：

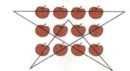

064.穿线游戏 方法如图所示：

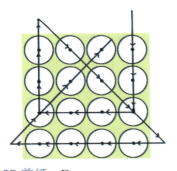

065.剪纸　D。

066.改变方向　如图所示：

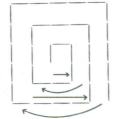

067.秋天的树叶　如图所示：

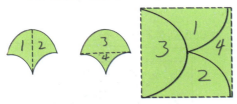

068.排列饼干　如下图所示：

069.摆长方形　按下面的方法摆放就可以：

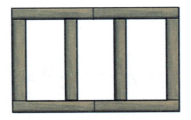

070.分地和房子　分法如图所示。我们总习惯用直线来分，但此题用直线是行不通的。运用发散创新思维，让脑子灵活思考，才会解出这道题。

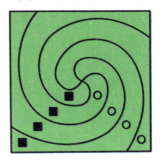

071.有趣的火柴题　如图，有两种移法：

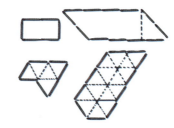

072.篱笆围成的训练场　只要4道篱笆便可以完成，如图：

073.摆放弹珠　如图所示，这样摆放即可。

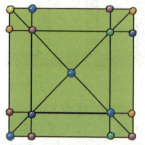

074.饼连直线　把另一个饼移动到如图所示的右侧位置就可以做到。

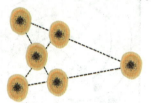

075.测量体积　妈妈只需要将第一个细高的瓶子装满果汁，然后再把果汁往矮胖的瓶子里面倒，如果装不下溢出来，就说明细高的瓶子的容积大一些；如果全部倒进去瓶子还未满，就说明矮胖的瓶子容积大一些。

天才妙算篇

001.山姆的果园　如图所示，这样划分就可以了。

002.皮克的作业　如图所示：

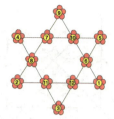

003.公园里面的花　公园里面最多有2朵红颜色的花，最少有1朵红颜色的花。

004.方形糖块　如图，即可分成相同的8块。

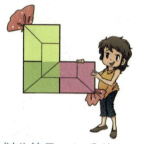

005.划分符号　如图所示：

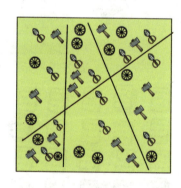

006.马丁先生　帽子的高度和宽度其实是一样的，只是由于视觉效果显得高度长一些。

007.天平　问号处放入3颗星星，1只蝴蝶。

008.小马之旅　选择不同的起点，可以有两种路线，如图所示：

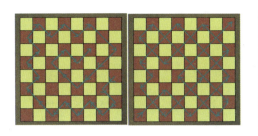

009.纳西寻宝

正确路线如图所示：

010.猜位置 扑克牌的顺序依次是方片A、红桃A、梅花J、黑桃5。

011.绑香蕉 把绳子系成一个圆圈，然后每隔1米绑一根香蕉，这样就刚好用完绳子而没有多余了。

012.跳格子 新的排列方式如图所示：

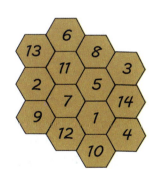

013.数图形 一共有27个三角形。

014.玩跳棋

015.划分花园 如图所示：

016.数学天才

4	1	3	0	2
3	0	2	4	1
2	4	1	3	0
1	3	0	2	4
0	2	4	1	3

017.特别三角形 一共17个三角形。

018.最近的距离 如图所示，展开再连接就是最短的距离。

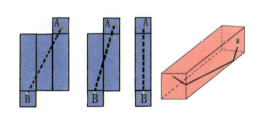

159

019.怎么少的 小偷每次改变每筐里的菠萝数，使每排菠萝的总数仍是9个，但实际的数量比原来的少了。如图所示：

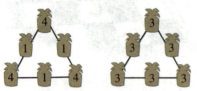

020.创意植树 如下图所示：

021.数气球 共有17个。可以在数过的气球上做个标记。

022.做相框 从上往下，第二幅图所用的材料最少。面积相等的两个相连的图形，周长最短的并不是正方形，而是长比宽长三分之一的长方形。（比如：两个边长为6厘米相连的正方形，其面积是72平方厘米，两个长是6.83厘米，宽是5.27厘米的长方形，面积是72平方厘米，但是周长小于正方形的周长。）

023.填数字 如图所示：

4	3	1	2
1	2	4	3
3	1	2	1
2	1	3	1

024.六边形 除了表面上看到的23

个，还有组合起来的6个（见下图用红线勾出来的部分），共有29个。

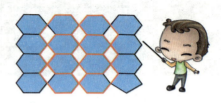

025.分糖记 第一次用砝码7克+2克称出9克糖果。第二次用7克砝码与9克糖果称出16克糖果，现在一共称出糖果重量为25克。第三次用25克糖果称出25克糖果，共计称出糖果50克。余下的糖果数量为140−50=90克。3次称量完成。

026.混乱的借款 30元钱。阿明借入10元钱，借出40元钱，因此阿明的实际应收是40−10=30元；阿丹借入20元，借出10元，因此阿丹的实际支付是20−10=10元；同理，阿夏、阿豪实际需要支付10元。因此，用最少的钱解决债务就是阿丹、阿夏、阿豪每人支付10元给阿明。

027.过桥 第一步：在这里奶奶走得最慢，其次是妹妹，然后是露丝、妈妈、爸爸，所以应该让走的最慢和次慢的同时过桥，也就是先让奶奶和妹妹过桥，所用时间以奶奶为准，即23秒；第二步：这一次同样让走路最慢和次慢的同时过，即露丝和妈妈过桥，所用时间以露丝为准，即15秒；第三步：这一次爸爸一个人过，所用时间是8秒。此时他们一家过桥一共用了46秒；第四步：过完桥他们还要走两分钟的路，过完桥需要时间是两分钟46秒，此时离三分钟还有14秒，所以他们赶得上公交车。过桥顺序是奶奶和妹妹、露丝和妈妈、爸爸，过桥用了46秒。

028.农夫总共留下多少头牛
农夫共留下15头牛。从后往前推，假设长女分配到的牛为X头，那么可以得出，次子分配到2X头牛，长子分配到4X头牛，妻子分配到8X头牛，因此牛的总数为：$X+2X+4X+8X=15X$头牛。由妻子得全部牛的半数加半头，即$15X/2+0.5=8X$，得出$X=1$。因此，牛的总头数为$15X=15×1=15$。

029.买卖衣服
第一步：罗恩花了90元买了一件衣服，结果120元卖出，此时他赚了$120-90=30$元；第二步：罗恩又花了100元买了另外的衣服，90元卖出，此时他赚的钱是$90-100=-10$元，说明这次他赔了10元，这里的150元是干扰数字；第三步：第一步罗恩赚了30元，但第二步他赔了10元，所以他还是赚了，赚的钱数是$30-10=20$元。

030.床的价格
第一种床的单价是1300元；
第二种床的单价是900元；
第三种床的单价是1800元。

假设第一种床的价格减少400元，那么，第一种床就与第二种床的价格相同了，这时，将总价格减少400元，就变成3600元了，3600元是4个第二种床的总价格。$3600/4=900$元，$900×2=1800$元，$900+400=1300$元。

031.企业的员工
爱丽丝是这样得出答案的：对题目中所给的条件进行分析，假如把全体员工的人数扩大2倍，则它被5除余1，被7除余1，被11除余1，那么，余数就相同了。假设这个企业

员工的人数在3400～3600之间，满足被5除余1，被7除余1，被11除余1的数是$5×7×11+1=386$，$386+385×8=3466$，符合要求，所以这个企业共有1733名员工。

032.买邮票
假设买来的100张都是2角邮票，那么总钱数应为：$2×100=200$（角）$=20$（元）。可实际上露丝只花了17元钱，比假设少3元钱，这是因为其中有1角钱的邮票。若有一张1角邮票，总钱数就相差1角。由此可求出1角邮票张数为：3元$=30$角，$30÷1=30$（张）。2角邮票张数为：$100-30=70$（张）。

033.冰与水
当冰融化成水的时候，体积就会减少1/12。因为当体积为11的水结成冰时，体积会增加为12的冰，而体积为12的冰融化后会成为11的水，也就会减少1/12。

034.完全重合
保罗说的对。12小时内，时针、分针、秒针三针只重合一次。即在12点整的时候，三针完全重合。

035.计算容积
先把啤酒瓶底的直径测量出来，这样就可以计算出瓶底的面积。再在瓶中注入约一半的水，测出水的高度，做好记录；盖好瓶口后，把瓶子倒过来，测量出瓶底到水面的高度，做好记录。将两个记录下来的数据相加再乘上瓶底的面积便可知啤酒瓶的容积了。

036.两人赛跑
男生和女生的速度之比为10∶9。当男生跑220m，女生跑180米时，两人所用的时间比为（220/200）∶（200/180），也就是99比100。所以，两个人不会同时到达终点线，男生用的时间

少一些，比女生先到。

037.任意三位数 任何符合条件的两个三位数的差的中间位置上的数字都是9（第二个三位数是第一个三位数颠倒之后的数字，所谓的差值是大数减去小数的结果）。同时，这个差的第一位和第三位的数字之和也等于9。所以，如果差的最后一位的数字是8，那么第一位数字就是1，因此结果就是198。

038.猴子吃桃 采用逆向思维来考虑这道题。从第十天着手考虑，依次往前推到第九天、第八天……第一天，此题将会很容易得到解答。根据题意有：第十天有桃子的个数：1；第九天有桃子的个数：（1+1）×2=4；第八天有桃子的个数：（4+1）×2=10；第七天有桃子的个数：（10+1）×2=22；第六天有桃子的个数：（22+1）×2=46；第五天有桃子的个数：（46+1）×2=94；第四天有桃子的个数：（94+1）×2=190；第三天有桃子的个数：（190+1）×2=382；第二天有桃子的个数：（382+1）×2=766；第一天有桃子的个数：（766+1）×2=1534，即，这个猴子采回来1534个桃子。

039.烧绳子计时 拿出2根绳子，其中一根绳子只点燃一头，另一根绳子点燃两头，当点燃两头的绳子燃烧完全，时间过去了30分钟。再把刚才只点燃一头的绳子另一头也点燃，这时到这根绳子燃烧完全，时间刚好就是15分钟。

040.路程有多远 运用逆向思维法解决问题，常能收到"山重水复疑无路，柳暗花明又一村"的效果。6-5=1（分钟），1×40＝40（千米）。甲、乙两地之间的路程是40千米。

041.奶奶的年纪 格雷厄姆采用了倒推法，计算很简单。从后往前推，原来的"加除减乘"，推回去就是"除加乘减"，列式为：（100÷25+26）×3-14=76（岁）。所以奶奶的年纪是76岁。

042.小猴吃桃 小猴自己吃了6个，是4个小堆中的1小堆，所以在分给小山羊吃之前有6×4=24个桃子；这24个桃子又是5个大堆中的1堆，所以小猴子一开始采到桃子总数为24×5=120个。

043.划船 假设10只船都是坐4人的，那么10只船能坐的总人数为：4×10＝40人。可实际上共有46名同学，比假设多了6名同学，这是因为其中有能坐6名同学的船。若有一只能坐6名同学的船，实际能多坐下的同学就多2人。由此可求出能坐6名同学的船只数量为：6/2=3只，坐4名同学的船只数量则为7只。

044.买几瓶可乐 运用逆向思维，解题就简单了。先买161瓶可乐，喝完以后用这161个空瓶换32瓶可乐（161/5=32余1）。然后，再把这32瓶可乐去掉，这样一算，就可得出实际上只需要买161-32=129瓶可乐就可以了。

045.运石头 首先可以设大马车用x辆，中马车用y辆，小马车用z辆，依题意知x+y+z=100，3×x+2×y+z/2=100，然后分情况讨论即可得出答案。例如大马车用11辆，中马车用15辆，小马车用74辆。（共有6种方法分配马车，大、中、小马车辆数可以是：17、5、78，14、10、76，11、15、74，8、20、72，

5、25、70，2、30、68。）

046.争糖吃 16块。先算出最后的时候A、B手里各有多少块糖，A是（26+2）/2=14块糖，B是26-14=12块糖，然后倒推上去：A还给B5块糖，A是14-5=9，B是12+5=17；B把抢走的一半还给A，抢走一半，剩下就是另一半，所以A的就是9+9=18，B是17-9=8；A抢走B的一半还给B，那么B最开始手里的糖果就是8+8=16块。

047.倒水 ①将绿色罐子注满水；②将绿色罐子的水倒入白色罐子；③把白色罐子的水倒回池子；④将绿色罐子剩余的水倒入红色罐子；⑤将绿色罐子注满水；⑥将绿色罐子的水倒入白色罐子；⑦将绿色罐子剩余的水倒入红色罐子；⑧将绿色罐子注满水；⑨将绿色罐子的水倒满红色罐子。这时，绿色罐子内剩余的水刚好2升。

048.会遇到几列火车 从北京开往俄罗斯的火车，除了在路上会遇到13列同公司的火车之外，还会遇到两列，一列是出站的时候遇到刚到达北京的火车，另一列是到达俄罗斯的时候遇到的正在从俄罗斯出发的火车。因此，一共会遇到15列火车。

049.一根铁丝 设铁丝的全长为x米。因为第一次用去它的一半少1m，则剩下的为一半多1m，剩余表示为（1/2x+1）m。又因为第二次用去剩下的一半多1m，则此时剩下的为第一次用去剩下的一半少1m，则第二次剩余表示为⌊1/2（1/2x+1）-1⌋m。由于最后所剩3m，得方程：1/2（1/2x+1）-1=3，解：x=14米。

050.巧克力糖 用逆向思维考虑该问题。从剩下的8块糖果开始算起。因为剩下的8块糖是第三个人醒来时的2/3，所以第三个人醒来的时候桌子上有12块糖；同理可以算出第二个人醒来的时候桌上应该有18块糖，第一个人醒来的时候桌子上应该有27块糖。因此，桌子上原来有27块巧克力糖。

051.弹子游戏 夏洛特的弹子数量占两人开始的时候总数的1/5，或者占夏洛特原来弹子数量的2/5，夏洛特的弹子数在增加20个后就变为原来的6/5，20个占原来的1/5。所以，两人在开始的时候每人有弹子的数量为100个。游戏结束的时候，夏洛特有40个弹子，肖特有160个弹子。

052.龟兔赛跑 我们根据它们的行驶速度可首先推断出各自所用时间：乌龟跑了4.2÷3×60＝84分钟；兔子跑了4.2÷20×60＝12.6分钟；兔子跑完全程所用的时间为1＋15＋2＋15＋3＋15＋4＋15＋2.6＝72.6分钟；所以兔子先到终点，并且快于乌龟84－72.6＝11.4分钟。

053.各有多少 假设1元的人民币减少4张，那么这3种人民币的总张数就是60-4=56张，总面值就是200-4=196元，这样1元和2元的人民币数量相等；再假设56张全是5元的，这时，人民币的总面值就是5×56=280元，比先假设的多280-196=84元，原因是把1元和2元都当成了5元，等于是多算了5×2-（1+2）=7元，84÷7=12，由此就可以知道是把12张1元的和12张2元的假设成了5元，所以2元的有12张，1元的有12+4=16张，5元的就有32张。

054.解题 根据题干的意思，我们先假设两位数是AB，三位数是CDE，则AB×5＝CDE。

163

第一步：已知CDE能被5整除，可得出个位为0或5。

第二步：若后一位数E＝0，由于E＋C＝D，所以C＝D。

第三步：又根据题意可得CDE/5的商为两位数，所以百位小于5。

第四步：因为上一步得出了C＝D，因此，当C＝1，2，3，4时，D＝1，2，3，4，CDE＝110，220，330，440。

第五步：若E＝5，当C＝1，2，3，4时，D＝6，7，8，9，CDE＝165，275，385，495。

所以，这道题应该有8个这样的数。

055.三个火枪手

第一个火枪手。因为每个人肯定都先射枪法最好的枪手的帽子。第一轮第一个火枪手可以选择不开枪，其他两个火枪手都会选择枪法较准的人的帽子，即他们会向彼此的帽子开枪。

分析：当第一个火枪手与第二个火枪手对决（第一个火枪手先射）时，第一个火枪手得胜的概率为：x＝40%＋60%×（50%×0%＋50%x），解得x＝57.14%。第一个火枪手的帽子不被打中的概率＝50%×x＋50%×40%＝48.57%。第二个火枪手的帽子不被打中的概率＝50%×0%＋50%×（1－x）＝21.43%。第三个火枪手的帽子不被打中的概率＝50%×0%＋50%×60%＝30%。分析一下，如果第一个火枪手第一轮不放弃而打第三个火枪手的话，第一个火枪手的获胜概率＝40%×（50%×0＋50%x）＋60%×（50%x＋50%×40%）＝40.57%。显然没有48.57%高，所以，第一个火枪手第一轮

会放弃。

056.读书时间

帕托错误地将很多时间重复计算了，所以才会有这个错误的结论。

057.糖与糖罐

这是一个讲究搭配的游戏。在第一个罐子里面放入3块糖，在第二个罐子里放2块糖，在第三个罐子里面放5块糖；然后把第一个罐子放到第二个罐子里。这样就保证了每个罐子里的糖果数量都为奇数。

058.乒乓球

最后一轮对方拿的时候，我希望还剩6个，这样，无论他拿走几个，我都可以拿到第100个球。同理，倒数第二轮对方拿的时候，我希望还剩12个，这样，无论他拿走几个，我都可以保证最后一轮有6个球。也就是说，轮到对方拿的时候，只要保证每次都是6的倍数就可以，那么第一次你拿走4个，剩下96个，这样你就立于不败之地了。

059.分蘑菇

玛丽分给柯利8个蘑菇，安德5个蘑菇，瓦尼亚12个蘑菇，佩蒂20个蘑菇。假定最后每人手上有蘑菇x个，那么，柯利有x－2个、安德1/2x个、瓦利亚x＋2个、佩蒂2x个，这些加起来是45个蘑菇，得出x＝10。

060.9枚硬币

因为一共有9枚硬币，因此，谁先开始抽取谁就一定会输。那么，后抽取的人就是赢家。

061.敲钟的速度

第二个修女先敲完。她们的敲钟速度是不同的，应该按敲钟的间隔来算时间。第一个修女用10秒钟敲了9个间隔，第二个修女用20秒敲了19个间隔，第三个修女用5秒敲了4个间隔。所以她们在敲钟过程中，每个间隔所用的时间分别为：10/9，20/19，

5/4，即1.11，1.053，1.25。所以，第二个修女敲钟的速度是最快的，她最先敲完50下。

062.买玩具 既然两个人的钱凑在一起可以买1台，那证明这款游戏机的价格是整数。有3个人的钱凑在一起可以买2台，除去这3个人，还有2个人的钱凑在一起能买1台，证明这5个人的钱一共能买3台。6个人的总钱数是132元。也就是说132减去一个人的钱数应该能被3整除。那么132只能减18或者21。（132-18）/3=38，而14、17、21、25、37这几个数中，17和21组合能组成38，满足题目的要求。同理，另外一种情况不满足题意，所以这款游戏机的价格是38元。

063.池塘取水 用5升的水壶盛满水倒入6升的水壶，此时5升水壶是空的，6升的水壶有5升水；再次用5升的水壶盛满倒入6升的水壶，然后将6升水壶倒空，此时5升水壶有4升水，6升水壶是空的；将5升水壶中的4升水倒入6升水壶，再次将5升水壶装满水，此时5升水壶有水5升，6升水壶有水4升；将5升水壶的水倒入6升水壶，倒满，此时5升水壶刚好剩下3升水。

064.圣诞节的考题 大的袜子里面放了54个玩具，小的袜子里面放了45个玩具。设这两个数值分别为AB和BA，则AB＋BA＝11×（AB－BA），解得AB＝54，BA＝45。

065.猜数字 富兰克林第一次问的时候没有一个人知道，说明任何两个数都是不相同的。问第二次的时候，前两个人还不知道，说明没有一个数是其他

数的两倍。

于是得到：1．每个数大于0；2．两两不等；3．这三个数中，每个数字可能是另外两个数字之和或之差，假设是两个数之差，即a－b＝144。这时1（a，b>0）和2（a≠b）都满足，所以要否定a＋b必然要使3不满足，即a＋b＝2b，解得a＝b，不成立，所以不是两数之差。因此是两数之和，即a＋b＝144。第1、2都满足了，必然要使3不满足，即a－b＝2b，两方程联立，可得a＝108，b＝36。

066.伪钞 1元面值伪钞为10万张，共10万元；5元面值伪钞为100万张，共500万元；10元面值伪钞为9万张，共90万元；50元面值伪钞为18万张，共900万元。

067.左撇子和右撇子 首先，设N为既是左撇子又是右撇子的学生数。从题目中可以得出：7N的学生是左撇子，9N的学生是右撇子。那么N＋6N＋8N＝15N，就是全班的学生数，而右撇子的学生人数为9N，占比例为9N/15N=0.6，超过了学生的半数。

068.牛吃草 12天。可用列方程的方法计算。

069.牲畜 苏巴克有11头牲畜，艾碧泽有7头牲畜，亚莎有21头牲畜。

070.木头人 木头人一次也不会跳。因为他是木头做的，根本听不见钟声。

071.卖小鸡 如果按正常计算，艾米和贝西分别卖掉的小鸡会得到15元和10元，一共是25元。当贝西带着60只小鸡去集市，每5只小鸡有2只是自己的，3只是艾米的，这样直到把艾米的小鸡卖完；接下来，贝西开始卖自己剩下

的10只小鸡。按理说，她自己的小鸡每只价值2.5元，但是在最后2笔交易中她每次都损失了5毛钱。因此，她最终会少1元。

072. 种玉米 很多人看到此题都会立刻下笔运算，但仔细审题你会发现，地主是让他俩各包一半，当然工作量就是一人一半。工钱是与工作量有关的，这与他们的工作速度并无关系，工钱自然均分，所以一人10两银子。

073. 采蘑菇 因为姐姐琳娜给妹妹艾娜25朵蘑菇，两人的数量相同。两人的总蘑菇数是210，210÷2=105，所以可知琳娜的蘑菇数是105＋25=130。艾娜的蘑菇数是105－25=80。

074. 迷惑的生卒年 画家诞生于1814年，逝世于1841年。

075. 打碎了多少个陶瓷瓶 假设这些陶瓷花瓶都没有破，安全到达了目的地，那么，运输公司应该得到2000元的运费，但是运输公司实际得了1760元，少得了2000－1760=240元。说明运输公司在运送的过程中打碎过花瓶。打碎一个花瓶，会少得运费1+5=6元，现在总共少得运费240元，从中可以得出一共打碎了240/6=40个花瓶。

076. 大家来找"8" 共有20个。大家要注意80到89之间就有11个8。

077. 汤姆叔叔的信 汤姆叔叔有5种贴邮票的方法，分别是2张8角的、4张4角的、1张6角的和1张1元的、1张8角的和2张4角的、2张6角的和1张4角的。

078. 玩扑克 一共有5040种不同的排列方式，也就是7×6×5×4×3×2×1=5040。

079. 扑克牌搭建房子 需要用8475张扑克牌。

1层需要扑克牌2张，用2表示；

2层需要扑克牌7张，用3+4表示；

3层需要扑克牌15张，用4+5+6表示；

……

所以n层所需扑克牌数为（n+1）＋（n+2）＋（n+3）＋…＋（n+n）=（3×n×n+n）/2。因此，75层需要扑克牌数为（3×75×75+75）/2=8475张。

080. 哪一种液体多 一样多。第二次取出的水，因为和第一次取出的牛奶体积一样，都设为a。假设混合液体牛奶所占的体积为b，那么倒入第一杯牛奶的水体积为a-b。第一次倒入的牛奶为a，第二次倒出b体积的牛奶。则水里面还剩下a-b的牛奶，因此，牛奶杯中的水和水杯中的牛奶一样多。

081. 图形组合 3。其中的数字等于图片叠加在一起的图片的数量。

082. 彩色方块 如图，选这样的18块牌即可。

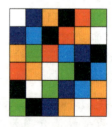

083. 分割遗产 妻子可以分到2000万欧元，儿子可以获得4000万欧元，女儿可以获得1000万欧元，正好符合题目的要求。

火眼金睛篇

001.谁更快乐　许多人可能认为下边的脸看起来快乐一些，其实这两张脸是一样的，它们互为镜像图。

002.扑克牌　第一排的第二张和第二排的第四张是正确的。

003.彩色方形　旋转方形后也不可能使每条射线上颜色一样，最接近的情况如图所示：

004.观察曲线　图中每条线其实是相等的，只是由于角度不同，在视觉效果上显得长短不一。

005.隐形的圆形　一共12个圆圈。如图所示：

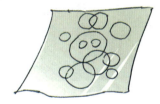

006.两块木条　有可能。如果A木条画的是长的一边的侧面，而B木条画的是短的一边的侧面，则B有可能会比A长，如图：

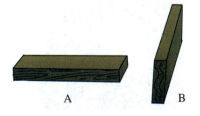

007.扭曲的图形　米莉的话对，这幅画的边缘是直的。之所以看着扭曲那是图像本身造成的错觉。

008.彼得的设计　不可能存在。

009.小狗的影子　左边是小狗的影子，右边是小狗本身。

010.两排房子　实际上，AB和CD是一样长的。

011.阳光沙滩

012.相似的图片　如图，画圈的地方即是与另一张图的不同之处。

013.恶魔的镜子　如图，画圈的两幅图是相同的。

014.隐藏的小鸟　如图，橙色部分即是隐藏的小鸟。

015.中心的石凳　拉到最后，水管与石凳将会分离，不会缠绕在石凳上。

016.拉绳结　绳子拉直后会有两个结，如图所示：

017真假小矮人　如图所示，画圈的即是假的。

018.唯一的笑脸

019.有趣的美术课　如图所示，用线勾出来的部分即是不同的。

020.干裂的土地　图中最早出现的裂缝是从左边贯穿到右边的那条横线。它从左边的中间出发，直至右边边线的三分之一处。其他裂缝都是在这条裂缝的基础上开裂的。

021.逃出荒岛　路线如图所示：

022.奇怪的植物　C。该选项上面第三排的叶子大一些。

023.巫婆的大门　路线如图所示：

024.漂亮的花布　C。只有这一项的方格排列顺序与大花布不同，所以它不是从大花布上剪下来的。

025.镜子中的人　正确的镜中影像为A图。

026.这是谁的影子　E。

027.寻找百宝箱　正确路线如图所示：

028.不同的图画　不同之处如图所示：

029.躲债的人　C。从原人物脸上的刀疤和黑痣的位置来判断，就能找出正确答案了。

030.扩建游泳池　如图所示，就可以做到增大一倍的面积了。

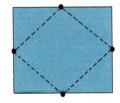

031.镜子里的人　B图为正确的镜中影像图。

032.搬出的家具　如图，看连线便知各个地方曾放了什么家具。

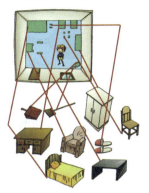

033.幽默的故事　图片的正确排列顺序为：④-⑥-③-①-⑤-②。

034.神奇的转角镜　小老鼠看到的是自己凸起的样子。

035.搭房子　如下图所示，正方形就是所看到的样子。看东西要注意透视关系和投影关系。

036.图形变身　C。仔细辨认，只有C选项的下方有两朵小花朵，符合原盒子上的图案。

037.找蝌蚪　如图，即是所找的蝌蚪图案。

038.化装舞会

039.找背影 C。其他项都各有不同的部分。

040.谁最高 一样高。距离远，看到的人感觉很矮；距离近，看到的人很高，其实这是由视觉差造成的。

041.剩了多少奶酪 把图颠倒过来，看到的就像是剩下一角的奶酪了。

042.直线还是曲线 这些线条实际是笔直且平行的，只是在视觉上给人的感觉是弯曲的。

043.比三角形 中间的两个三角形其实是一样大的，当物体被比他大的物体包围时，看上去要比实际小；当被比它小的物体所包围时，看上去则比较大。

044.拼纸片 A和C。二者拼起

来，正好组成一个圆。

045.找相同的图案 B和E。

046.数字迷宫

047.哪条路最长 D。此图中方砖彼此接触的面积最少，所以它的周长最长。

048.看图片 这些物品都是对称的。

049.找人 黑色部分是演奏吉他的人，黑色左侧的白色和部分黑色是女人的脸。

050.比较半径 圆1>圆2>圆3。因为曲线弯曲程度越小，说明圆越大。

051.比较大小 两张椅面的大小和形状是一样的。从不同的角度看图形会产生误差，但是实际上大小没变，只是换了个位置。

052.动物比大小 白色的狗和黑白斑点狗大小没有区别，只是斑点狗位置靠后，所以看起来小一些。

053.哪条更长 两条桥是一样长的。看的视角不同，感觉不一样长，其实长度是一样的。

054.符号图形 A和E。

055.漂亮的萝莉 头部看上去属于哪个身体都可以。但实际它属于左边的身体，可以从穿着上去区分。

056.宠物狗 很多人会认为小女孩是没有头的，其实这是由于角度影响了视线，小狗的头挡住了女孩的头。

057.转动的月亮 A。参照星星的位置，A是顺时针方向转动，其他的都是呈逆时针方向旋转。

058.变换笑脸 把图片颠倒即可。快乐的就变成了忧伤，忧伤的变成了快乐。

059.隐藏的图形 两个人看的角度不同，因此看到的动物不同。该图从左侧看是鸭子，从右侧看是兔子。

060.肖像图 虽然奶奶和卡桑德拉看的方向是颠倒的，但是看到的图像是一样的。这是图本身的特殊性造成的。

061.找规律 D。只有该选项是沿着顺时针方向转动，与例图一致。

062.小丑在哪里 有3个小丑。把图形逆时针旋转90度就能看到小丑。另外，他的眼睛和嘴巴处还有2个。

063.数份数 B。该图中的线条最多，被分得份数当然是最多的。

064.不同的图形 E。只有E的曲线是朝下弯曲的。

065.找出错误的图像 E。三角与绿叉不可能出现在相连的面上。

066.图形的关系 C。从1和2的对应关系中可以看出，两图中的各个小图标是对称的。而C图中各个图标刚好是图3中各个图标平行方向的对称图。

067.画图形 图形的变化规律是每增加一个新的元素就增加一根头发和另一个新元素，然后再增加一根头发。所以按照此规律，下一个图形是在原来的基础上多出一根头发和一条眉毛。如下图所示：

068.数一数 图1共有24个正方形；图2共有34个三角形。

069.特别的图形 特别的图形是图4，因为它是唯一一个没有被直线平分的图形，而其他图形都有平分线。

070.大家来找茬

（1）C。它不是由其他旋转而来；

（2）D。其他图形只是位置不同而已，但D中的三角和长方形与它们的方位不同。

071.数数图形 图1有40个梯形，图2有16个正方形，图3有25个四边形。

072.聪明的贝拉 D。因为其他图中的黑点都在三个图形的内部，只有D图的黑点不与任何图形重叠，在所有图形的外面。

073.不一样的图片 E。其他图片都是各有一部分重叠的两个相同的图形，只有E图两个图形不重叠。

074.彩色卡片

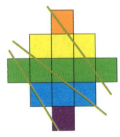

075.海盗的宝藏 如图，从左侧开

始，即可用4条直线将9块金币连接起来。

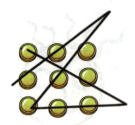

076.吉姆兄弟　A。第三个图形是前两个图形结合在一起，再去掉重叠的部分。

077.德西和杰西的画　D。第三个男孩与前两个男孩的鞋子和帽子都不一样。

078.茱莉亚的漂亮盒子　C。因为两个带图案的面只可能是相对的，不可能是相连的。

079.找出7块木板　7块木板的组合如下图所示：

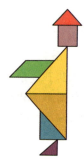

080.找规律　B。正方形里面的所有箭头都是按逆时针方向旋转90度得到下一个图形。

081.差了哪一块　C。从左上角开始，沿着弓字形顺序排列，第一个是正方形，第二个是三角形，第三个是菱形，如此循环。

082.切开的橙子　如图，左上角即是吃掉的部分。

083.粘照片

084.玩转盘　长时间观察，会发现红色的小圆在跟着转盘沿同一个方向慢慢转动。

085.变弯的筷子　不一致。从筷子上反射出的光线，由水进入空气时，在水面发生了折射，折射角小于入射角。当折射光线进入人眼时，人眼是逆着折射光线的方向看的，觉得这些光线像是它们的反向延长线交点像发出来的。筷子的像是筷子的虚像，筷子像的位置实际比筷子的位置要高。

思维滑翔篇

001.转动的齿轮　齿轮1带动齿轮2按顺时针转动，齿轮3则按逆时针转动，齿轮4在齿轮3中，所以齿轮4也按逆时针转动。

002.两个火车头　完全有可能。只要两个火车头都改变方向，朝反方向行驶，就会出现乙火车头在前，甲火车头在后的情况了。

003.用桶量湖水 这个问题关键取决于桶的大小，如果桶和水池一样大，那池里就是一桶水；如果桶只有水池的一半大，那池里就有两桶水；如果桶只有水池的三分之一大，那池里就有3桶水；以此类推。

004.离奇失踪案 因为是富翁自己向航空公司订的机票。他订了两张前往景区的票，却只订了一张返程票。这说明他事先就知道妻子回不来了。

005.窗户上的数字 绑架犯是代号608的杰克。因为女警是背着手写下的数字，数字上下左右顺序都发生颠倒。所以人们看到的809，实际上是608。

006.唱歌与剪羊毛 老二这样问爸爸："在唱歌的时候可不可以剪羊毛？"爸爸回答："当然可以。"同样是唱歌和剪羊毛，剪羊毛时要求唱歌，那似乎意味着工作不专心；而唱歌时要求剪羊毛，则可以表示在休闲时也想着工作的事情，爸爸当然不会有反对的理由了。

007.骑马思维 要确保必胜，可以骑对方的马快跑，自己的马自然就落到了后面。

008.空满相间 一般都认为必须移动两个杯子，即将B和B'交换位置，空杯与满杯恰好相间排列，只移动一只杯子，似乎不可能。但是，若只移动B杯，将杯中的饮料倒进B'杯中，不是同样符合要求吗？一般人的思路总是停留在移动杯子上，不能跳跃到"移动饮料同样也能达到目的"这个高度。

009.巧妙过河 先猎人和狗过来，然后猎人回去再猎人和孙子a过来，然后猎人和狗回去，老爷爷带着孙子b过来，然后老爷爷回去带着老奶奶过来，然后老奶奶回去让猎人和狗过来，猎人过来后让老爷爷上船回去带老奶奶过来，之后老奶奶回去带孙女a。暂停，整理一下，现在，原处只胜孙女b了不是吗？那就让猎人带着狗回去，再让猎人带着孙女b过来，让狗单独留在那儿，最后猎人再过去把狗带过来就是了。

010.猎人过河 用冰造出了一艘冰船。因为冰的密度比水小，比水轻，所以冰船是可以漂浮在水面上的，两名猎人就是乘坐冰船渡河的。

011.科学家的最后愿望 这个弟子带着科学家去坐飞机，并且以高于地球自转的速度向西飞行，就能够看到西边升起的太阳。

012.正午锄禾 因为正午太阳大，只有在正午锄禾，田地里的野草才会被晒死。

013.修栅栏 每3米长的栅栏都是从左边的栅栏柱开始延伸，唯有最后那3米的栅栏是从左边的栅栏柱开始、在右边的栅栏柱结束。因而，普尔斯应该买34根栅栏而不是33根。

014.苏军攻略 朱可夫采取了一个反向极端策略，把全军所有的大型探照灯都集中起来。在向德军发起进攻的那天晚上，苏军所有的大探照灯同时射向德军阵地，极强的亮光把隐蔽在防御工事里的德军照得睁不开眼，什么也看不见，只有挨打而无法还击。

015.测量山脉 托米是在为海底山

脉做测量，他是掉到山顶上面去的。

016.巧妙进城堡 乔巴趁着看守出来巡逻的间隙，快步走近城门，当看守出来巡逻时，又转身向回走。看守会误以为乔巴想溜出城堡，于是就把他赶回去，这样乔巴便顺利进入城堡了。

017.安全的手术

第一步：第一个医生戴上两双手套，外面套着的第二副手套的外面接触到国王；

第二步：第二个医生戴上第一个套在外面的第二双手套，这样仍然是这双手套的外部接触国王，而且第二个医生没有和第一个医生接触；

第三步：第三个医生把第一个医生的手套翻过来戴在手上，套上之前的第二幅手套。这样话，三个医生之间以及医生与国王之间都没有接触，所以最安全。

018.几个人能脱险

①两个小孩将船划回岸边，由一个孩子把船划到3人被困的地方（另一个小孩在岸边）；

②把船划过来的小孩留在树上，一个人划着小船到岸上登陆，在岸上的另一个小孩把船划回到树边来；

③两个孩子一起将船划回岸边后，其中一个孩子又将船划到树边救下一个人；

④第二个人这样就可以划船上岸；

⑤同样的重复第三次；

⑥第三个人过河，两个小孩子划船回到岸上，所有人安全获救。

他们一共需要往返6次。

019.新婚夫妇 因为他的妻子是一名医生，在给病人做手术。

020.如何抉择 伍德可以把自己的汽车借给医生，让医生载着病人去医院治病，而自己则留下来和姑娘一起等公交车。

021.走私案 他实际走私的就是每天骑的自行车。

022.姐妹俩 姐妹俩将房间打扫干净之后，由于屋子里面没有镜子，她们只能看到彼此的脸，脸上干干净净的女孩看到另外一个女孩的脸很脏，就以为自己的脸也是脏的，于是跑去洗了脸。而脸上脏兮兮的女孩看到对方女孩的脸很干净，就以为自己的脸是干净的，因此没有去洗脸。

023.价钱算错了吗 他买的东西是同一样东西，每个价值15元。85元、70元、55元是店家找给他的零钱。

024.妙运艺术品 老爷爷向航空公司要来了一个长宽高均为1米的箱子，然后将手杖斜着放了进去。因为长宽高1米的立方体对角线的长度刚好超过1.7米，所以可以顺利地带上飞机。

025.穿越撒哈拉沙漠 雇佣3名脚夫，旅行家就可以穿越撒哈拉沙漠。旅行家和3名脚夫各自背着4天的粮食和水上路。第一个脚夫在完成第一天之后返回，留下两天的给养给其他两名脚夫。第二天旅行家和两名脚夫上路。这两个脚夫在完成第二天的路程后，分别交给旅行者1天的给养，带着剩下的两天给养返回。这时候，旅行家手上刚好有4天的给养，刚好可以完成穿越。

026.岔路追击　查克选择的往右手方向的路。在平路或者下坡骑车时，前轮印浅，后轮印深。上坡时，骑车的人重心前倾，前后轮的车辙深浅大致一致。因为前方是上坡路，所以查克由此判断出凶手逃跑的方向。

027.有几个天使　至少有2个天使。假设甲是魔鬼的话，可以推断出甲、乙、丙都是魔鬼，那么，乙是魔鬼的同时又说了实话，存在矛盾，所以甲是天使。假设乙是天使的话，从她的话来看，丙就成了魔鬼。相反，假设乙是魔鬼的话，从她的话来看，丙就成了天使。因此，无论怎么样，都至少有2个天使。

028.行驶的轮船　可以实现。先让A开进河湾，B、C后退。D、E、F从A的旁边开过去。然后A出河湾，按原先的航线继续前行。然后，F、E、D向后退到原先的位置。用同样的方法，让BC也先后错过去，这样，所有的船就都可以按原定航线前进了。

029.难解的血缘关系　罗西是唯一女性。假设比尔的父亲是罗西，那么罗西的同胞兄弟必定是哈文，于是哈文的女儿必定是比尔。从而得出了比尔是哈文和罗西的女儿，而哈文和罗西又是同胞兄弟，这是违背道德伦理关系的。所以，比尔的父亲是哈文，罗西的同胞兄弟就是比尔，因此罗西是唯一的女性。

030.波尔教授的幻灯片　3张扑克牌从左到右依次是：方块A、红桃K、黑桃2。

031.不同的职业　莫妮卡是作家和演员；法比安是音乐家和诗人；罗西纳是机械工人与美术家。

032.羊吃草　绳子的一头拴在羊的脖子上，但是另一头却没有拴在树上，因此羊是自由的，当然可以吃到草。

033.谁先到家　三人会一起到家。因为不管是留在原地，还是向前走或向后走，他们最后坐上的都是下一辆即将到达的车。

034.巧克力和奶糖　金妮昨天要的是巧克力，今天要的是奶糖。根据条件1和2，如果凯特要的是巧克力，那么金妮要的就是奶糖，简要的也是奶糖。这种情况与3矛盾。因此，凯特要的只能是奶糖。于是，根据条件2，简要的只能是巧克力。因此，只有金妮才能昨天要巧克力，今天要奶糖。

035.雪地上的脚印　警员首先发现雪地里的脚印是马克留下的，而马克进空房子时脚印较深，返回时脚印较浅，这是因为他进空房子时扛着又大又重的花瓶导致的。以此判断，马克就是真正的小偷。

036.英国士兵的孩子们　布莱恩·阿托肯，1976年，步兵团，伦敦；

大卫·阿托肯，1978年，炮兵团，科切斯特；

詹姆士·阿托肯，1977年，工程队，奥尔德肖特

037.富足的法国人　就是最初提到的法国商人的年纪。题目设置了很多障眼法，目的就是要迷惑你。

038.飞机事件　一共需要10架飞机。假设绕地球一圈为1，每架飞机的油只能飞1/4个来回。以与原机（也就是要飞地

球一圈的飞机）飞行方向相同的方向跟随加油的飞机将自己的油一半给要供给飞机为原则，那跟随飞机就只能飞1/8个来回。推理得以4架供一架飞机飞1/4的方法进行，那么原机自己飞行1/4到3/4的那段路程，0至1/4和3/4至4/4由加油机加油供给，就是给1/2的油，原机就能飞1/4了，所以跟随和迎接两个方向分别需要供油机在1/4处分给原机一半的油，供油机在1/4处分完油飞回需4架飞机供油，所以综上所述得（1+4）×2=10。

039.爱说谎的人　查罗只能在星期二说："今天不是星期一，就是星期二。"因为"今天是星期二"这句话，在星期一的时候也可以说。

040.酒店老板的女儿　从细节去考虑，破解此案就很容易了。我们需要注意到，波朗先生解开女儿身上的绳索后，看到炉子上正烧着一壶开水。而罗克警长到来后，开水还在沸腾。如果按照洛蒂所说，从昨晚她就被蒙面人袭击，被绑在了床上，那炉子上的那壶水不可能从昨晚烧到今天下午还在沸腾，应该早就烧干了。以此说明，洛蒂是在撒谎，是她自己或者让别人绑住了自己的手脚，导演了一场戏欺骗父亲，大概是想侵吞父亲的财产。

041.烹饪比赛　当水沸腾后，艾伯特将鸡蛋放进去的同时将两个沙漏倒放过来开始计时。当12分钟的沙漏漏完之后，艾伯特再将这个沙漏倒放过来计时。此时，15分钟的沙漏里面还有3分钟时间，当这个沙漏里的沙子漏完时，12分钟沙漏里面正好也漏了3分钟的沙子，

还有9分钟可漏的沙子，于是艾伯特再次将12分钟沙漏倒放过来，这样，这个沙漏就成为还能漏3分钟。此时，等到12分钟沙漏漏完的时候，刚好过去18分钟。

042.小费　把脸靠近这枚硬币，然后用力地吹气，硬币会被吹出来。

043.猜牌问题　P先生知道的是点数，他说不知道这张牌，证明这个点数不是唯一的。（例如，如果是2，只有黑桃里有2，P先生马上就会知道是黑桃2）即排除掉唯一的点数：2，7，3，6，K，8，J。剩下：A，Q，4，5。而P先生知道其中之一。Q先生知道的是花色，他说他知道P先生不会知道是什么牌，那么也就是说Q先生知道的花色里面，肯定没有：2，7，3，6，K，8，J。（如果有，那么P先生早就知道是什么牌了）而包含这些数字的有黑桃，草花。所以Q先生知道的不是方块就是红桃。这时P先生说他知道了，那么他知道的肯定不是A，因为方块和红桃都有A，它只能是Q，4，5中的一个。而Q先生说他知道了。证明他最初知道的花色是方块。如果他知道的是红桃，里面有Q和4，他不会知道P先生最初知道的是什么点数。而方块排除掉A后，只剩下5。所以S先生知道这张牌是方块5。

044.感觉　②是对的。当手放入100℃的开水中的时候，手周围的一圈气体膜瞬间被开水融解，因而会被严重烫伤；若将手放入150℃的气体中，由于之前手和冷空气接触过，手的表面形成一层冷空气保护膜，不会立刻感到150℃的热气，只会感觉暖暖的。干燥器和烤箱

就是这个原理，所以我们才能取东西的时候不会被烫伤。

045.糊涂的答案 父女关系。年轻人是女孩子，只是女扮男装。

046.彼得的梦 如果乒乓球跑到了墙根下面，那么铁球就压不到它。

047.家庭成员 在场家庭成员有：2个兄弟、2个姐妹，他们的父母，以及父母各自的父母。这样，对于孩子而言就有1个祖父、1个外祖父、1个祖母和1个外祖母，当然也包括祖父安德森先生，一共10位家庭成员。

048.牙科医生 牙科医生可能也是来看病的或者是找内科医生。

049.谁爬的楼梯多 约翰说的不对，约翰住10楼需要上9层楼梯，詹姆住5楼只需上4层楼梯，约翰每天比詹姆多上一倍还多一层的楼梯。

050.夜明珠在哪里 1号屋的女子说的是真话，夜明珠在3号屋子内。假设夜明珠在1号屋内，那么2号屋和3号屋的女子说的都是真话，因此不在1号屋内；假设夜明珠在2号屋内，那么1号屋和3号屋的女子说的都是真话，因此不在2号屋内；假设夜明珠在3号屋内，那么只有1号屋的女子说的是真话，因此，夜明珠在3号屋里内。

051.粗心的汤姆斯先生 雷米撒谎了。因为书的113页和114页其实是同一页的两面。

052.贫穷的莱德 莱德用15个烟头卷成了3支烟，此时他还剩下3个烟头。当他把卷成的3支烟抽完以后，他又有了3支新烟头，加上之前剩下的3支烟头，他便有6支烟头；他又用6只烟头卷成1支烟抽完，此时他一共抽了4支烟，剩下3个烟头；他问自己身旁的同伴借了1只烟头，这样，他卷了第5支烟了。当他把第5支烟抽完后，将烟头还给了之前借给他烟头的那位朋友。

053.天气和比赛 这道题需要变换一下思路。3个人出门需要3种天气，每一种天气都有不愿意出门的，这看似3个人不可能碰到一起。但实际上，没有规定比赛必须要出门，所以比赛可以在某个人的家里举行。如此一来，不管什么天气，都可以比赛了。雨天，乙和丙到甲家；阴天，甲和乙到丙家；晴天，甲和丙到乙家。

054假证词 因为如果他是戴着墨镜刚走进热气腾腾的火锅店，冰冷的镜片遇到热空气，镜片上立刻会形成一层雾气，他根本不可能看清房间里的人和物。以此说明，此人在撒谎。

055最后的赢家 你应该将第一枚硬币放置在桌子的正中心，之后不论对方怎么放硬币，你只需要在对称的位置放硬币，直到对方无法放置硬币，你就赢了。同理，在长方形、菱形、平行四边形或者正六边形的桌子上也是如此，只要它具有对称的特性，你只需要将第一枚硬币放置在桌子的正中心，你就能成为最后的赢家。

056乘车 因为全车只有阿拉贡一名乘客，加上司机和售票员一共只有3个人。

057圣诞老人 圣诞老人到达的顺

序是：D、E、C、A、B。

058.天平　天平最终会平衡。冰块在高温下融化并且蒸发，天平向西瓜那一侧倾斜，西瓜会随着倾斜角度的加大而滚到地上，冰块最终会完全化成水蒸发掉。所以，最后天平变为平衡。

059.弹钢琴　无名指的名称为3个字，而中指、食指、小指的名称都是两个字，所以说无名指的名称最长。

060.射瓶子　基克斯2枪，请看图1；阿费莱3枪，请看图2；马丁直接射击桌子腿，将桌子腿打断后4个瓶子全倒地摔碎。

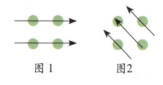

图1　　图2

061.反插裤兜　将裤子反穿。

062.过河　甲、乙两人分别在河的两岸，一个人先过河，再把船给另一边的另一个人就好。

063.吃梨子　因为只需要5分钟就可以了。

064.热气球　体重最重的那一个。

065.猫侠阿郎　地球。在地球上向上扔出一块石头，它都会自由落体回来。

066.奇怪的车轮印　真正的肇事者是和车主一起将车子停在停车场的人，他把自己的车轮胎和车主的相互调换，误导了警察。

067.谁是真正的神枪手　他把自己的帽子挂在了射击枪口上，所以做到了。

068.是不是双胞胎　她们俩并不是双胞胎，她们的妈妈可能同时生了3胞胎或者更多。

069.高分怎么取得　这30道题里面有判断"对"、"错"的是非题。

070.黑帽子和白帽子　根据所给帽子的颜色，只能有3种可能，即黑黑白、黑白白、白白白，如果是黑黑白，那么戴白帽的人就能立即说出答案，而没有人说出，排除了这种可能；如果有黑帽的话，只有一只，那么戴白帽的人就能立即做出回答，而这时也没有人猜出，那么只有"白白白"这一种可能了。

071.袋鼠跳高　因为袋鼠是双脚起跳的，违背了比赛规则。

072.拔萝卜　2+3+3+4=12，也就是说萝卜总数的个位数字是2。根据题中条件，所拔萝卜总和为某个数的平方，但是根本没有一个自然数的平方的末位数字是2，所以参加拔萝卜的是3个人，其中有一个既是父亲又是儿子。这个人就是山姆。

073.分割模板　分割方法如图所示：

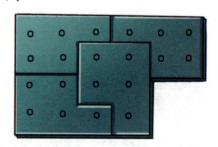

074.为谁辩护　这位律师是位女性，即离婚案中的"妻子"。

075.少了的鸭子　他们是亲属关

系，即祖父、父亲和儿子，所以总共只有3个人。

076.科学家之谜　科学家见到了熊，说明是在北极地区。最后回到了原点，说明他所在的地方在北极点。

077.6只羊　麦琪的爸爸是把羊拉去卖了羊毛，而并没有卖掉羊。

078.失盗　因为盗窃钻石的人连同飞机、保镖和钻石都一起盗窃走了。

079.聪明的科学家　卡卡把标签的位置和标签的方向改变即可以区分不同的药剂了。

080.艾瑞克和蛋糕　他可以把地毯的一端卷起，从地板上走过去，把蛋糕取过来。

081.捡鸡蛋　村里面的人教给邻居的点子是：邻居自己在菜地里面放下鸡蛋，然后故意把鸡蛋当着农妇的面全都收回来。农妇还以为是自家的鸡在别人的菜地里面下了鸡蛋，就再也不会把鸡赶到邻居家的菜地里了。

082.猜地名　长春、武汉、厦门、连云港、南通、大同、佛山、新会。

083.增大体积　8倍。因为长宽高都增加了2倍，体积将会增加8倍，那么体重也将增加8倍。

084.鱼缸与小鱼　水还会溢出来，因为并不是所有的水都可以被鱼喝到肚子里面去。

085.梅利和蚯蚓　因为蚯蚓再生能力很强，被砍断后可以继续活着。被砍成3截的蚯蚓变成3条，因此地上变成了7条蚯蚓。

086.鸡蛋踩不破　露西的一只脚踩在鸡蛋上，另一只脚站在地上，重力全都压在站在地上的那只脚上面，所以鸡蛋上面并没有受多大的力，并不会破。

087.暴怒的国王　他画的国王正在打猎，单膝跪地，闭着一只眼睛瞄准。

088.聪明的应试者　原来这位应试者向寺庙里面的和尚建议将木梳作为吉祥的信物，当有人来寺庙里面求神拜佛时，给他们赠予木梳，这样寺庙里的香火就会越来越旺。

089.超车　这个湖边的路是一个圆形的环路，乔治爸爸的车已经超出慢腾腾汽车一圈的距离，又追上了那辆车。

090.巧过隧道　杰克将货车的轮胎放掉一些气，让货柜车的整体高度下降，下降到低于隧道口的高度，这样货柜车就可以通过了。

091.红黄弹珠　露西可以将自己取出的弹珠不给哥哥看，既然哥哥说他口袋里面有红、黄两种颜色的弹珠，那么让哥哥看看他自己口袋里面的弹珠是什么颜色，那露西取出的肯定是另一种颜色了，这样哥哥就没有办法要赖了。

092.比画　当他准备掀起门帘的时候他才发现，原来画家的门帘和门都是画上去的，根本不是真的门。

093.怎样讲解　他们都是法国人，所以用法语讲解就方便了。

094.无法让座　因为她是这辆公交车的司机，所以她没有办法让座。

095.出国旅游　波特是一个还不会说话的幼儿，所以他并不太懂发生的事情。

096.化学老师的谎言　他的老师

问："用什么样的容器去装这个能够溶化任何东西的液体呢？"

097.分粥 他们每一个人都轮流分粥，而且每次分粥的那个人都必须最后选择自己的粥，所以大家在分粥的时候都会尽量公平，这样才不会在最后自己喝不到粥。

098.巧偷钻石 首饰匠在钻石项链的水平一排的两边各偷走了一颗钻石，再把最下面的一颗钻石移到最上面。这样按以前的方法数，无论怎么数还是和以前数量一样，所以珠宝家没有发现钻石有丢失。

099.多少钱可以买到可乐 一瓶可乐需要2元1角。哈尼带了1角钱，而查理带了1元9角，所以他们两个的钱加起来也买不到可乐。

100.会变形的石料 那些石料都是小颗粒状的，它们并不是变形了，而是被装在了不同的容器中，它们的形状是由装它们的容器而决定的。

101.染布 他让店主告诉那个人让他星期一、二、三、四、五、六、七都不可以来取布。

102.全家福 所有人都闭上眼睛开始喊1、2、3，当喊到3时再睁开眼睛，这样就不会有人忽然闭上眼睛而拍照不成功了。

103.买的什么东西 两人都打的哑谜。爸爸买的是蜂蜜，妈妈买的是牛奶。

104.王子与灰姑娘 只有真正的灰姑娘才知道丢掉的鞋子是哪一只脚上的。

105.死法 那个人选择的是老死。

106.残疾人买东西 他直接说买什么就可以了。前面的"哑巴"例子起了迷惑作用。

107.分辨生熟鸡蛋 可以用摇晃的方法来分辨。熟鸡蛋的蛋清、蛋黄和蛋壳之间已经凝固在一起，摇的时候里面不会动，而生鸡蛋在摇的时候里面会晃动。

108.误点了的飞机 露丝用的是法国手表，她到美国后没有调整过来，两个国家是有时差的。

109.聪明的富翁 富翁的目的其实不是借钱，而是存他那些股票和债券。他只花很少的钱就把自己的贵重物品存在了银行里，非常划算。

110.打不开的门 把门推开。

111.特异人 因为这位歹徒安的是假肢，所以即使中枪也不会流血。

112.贝尔的神秘鸡蛋 如果我们将生鸡蛋拿到2米以上的高度，让鸡蛋自由下落，当鸡蛋下落到2米的时候把它接住，它没有着地，所以不会破。

113.盲人朋友的信 因为罗克是盲人，根本看不见写字，所以他的信不是用墨水写上去的，而是盲人能识别的凹凸不平的，所以只有同样是盲人的卡尔才能用他敏感的手指摸出来。

114.细胞分裂 需要29分钟59秒，即只是少用1秒的时间。

115老人的年龄 "本"可以拆字为"八十一"；"末"同样可以拆字为"八十一"；"白"字为百少一，所以为99。即3位老人的年龄分别是81、81、99。

116.井底的青蛙 青蛙需要爬4天就可以爬出井底了，前3天青蛙可以爬6

米，第四天青蛙爬3米以后就已经爬出井了，所以就不会再下滑了。

117.侦探柯南 柯南从医生那里拿到的是听诊器，借助听诊器听清了隔壁的谈话内容。

118.玩跷跷板 按照题里面的条件：
①A、B＝C、D；
②A、D＜B、C；
③B＞A＋D；
所以，按此排序：B＞D＞C＞A。

119.巧赚钱财 这个人在甲国购买东西，让店主用乙国的钱找零；再去乙国购买东西，让店主用甲国的钱找零；最后他再拿钱到甲国消费。这样一来一去，他就从中赚到不少钱了。

120.谁在说谎 英国人既然不承认他有帮丹麦人看管珍宝，那么他就不应该知道那个小桥在哪里，而当法官问他丹麦人是否快回来的时候，他的回答正好说明了他在说谎，他知道丹麦人将珍宝交给他的地方具体在哪里。

121.撒谎的帕特 因为当时全城都在停电，帕特不可能在用电吹风吹头发。唯一的解释就是，她在撒谎。

122.图形转移 C。根据题中所讲的转移规律，只有C符合要求。

123.米啦的猜想 米啦的猜想，"米"就是钢琴键上的"3"，"啦"就是钢琴键上的"6"，他按了这两个键，密室的门就自然开了。

124.还有哪些 鼓掌、握手、掰手腕、单人跳绳、绣花等。

125.测量时间 点燃第一根香的两端，同时点燃第二根香的一端。当第一根香烧完时就是半小时，这时，立刻点燃第二根香的另一端，从现在算起，等到第二根香烧完时，就是15分钟。

126.向左还是向右 卡尔和皮克他们两个的家是对门。

127.哪里露马脚了 法官并没有告诉他遭抢劫的人是珠宝大亨，也没有告诉他案件发生在18楼，那个牙医是个胖子，这些都是嫌犯自己说出来的，说明他就是抢劫犯。

128.笨笨乌龟的推理 乌龟说的话不对。因为它只考虑到了距离并没有考虑到时间。

129.兔子过河 总共需要4次。第一次的时候两个小孩中的一个小孩先下船，一只小兔子坐上去；到对岸后兔子下船，那个划船的小孩把船划回来；第二只兔子坐上去，到对岸后放下兔子，小孩再划回来把岸边的小孩载上船，总共来回4次。

130.老板请客 他们5天以后吃不到老板请的饭。因为他们只考虑了一种情况，而5个人每天坐的位置都有很多可能，并不是按照一定的次序来坐的，所以5天以后他们并不能吃到老板请的饭。

131.盗贼的谎言 警察判断盗贼并没有说实情，是因为不存在23个单数相加可以得到双数（200）的情况，单数个单数相加只能得到单数，不可能得到双数。

132.分享苹果 总共有7颗苹果要分给12个人，首先把3颗苹果四等分，总共分了12块，小朋友们每人分得四分之一块；再把剩下的4颗苹果3等分，也是分成了12块，每个小朋友再拿一块就好了。

133.字母的差别　A、H、I。其他字母都属于非左右对称字母。

134.斗智　因为少年把砖头放到了墙角处，那个人要是跨过去就撞到墙上了。

135.自行车和火车　如果只按常规去想问题，那肯定是想不到了。这需要打破思维定式，当把竞赛自行车装在火车上的时候，自行车就和火车的速度一样了。

136.让水不洒　只要在一个盛满水的盆中将装满水的杯子倒转过来即可。在外在压强上下相等的情况下，杯中的水是绝对不会流出来的。

137.谁先着地　矮个子先着地。这是因为高个子的重心比矮个子的重心要高，而重心离地面越近，物体倒下去的时间就越短。所以矮个子与高个子相比，倒下去的速度更快。

138.图形规律　C。规律是：从横向看，前面两个图形结合，去掉相同之处，即是第三个图形。

139.钟表的秘密　第一个九点，所以是"丸"字；第二个是十点，所以是"寸"字；第三个是一点，所以是"卜"字。

140.摆木棍　这幅图表示的成语是一五一十。只要从火柴摆放的个数去考虑，就很容易想出来了。

141.由4变8　把一张纸的4个角减掉4个小三角形，就可以得到8个角了。或者把一个正方形去掉4个角就变成8个角

了。从创新角度去想，看似不可能的事情也可以做到。

142.串冰糖葫芦　如下图所示，在画圈的位置放上2颗糖葫芦，即可达到要求。

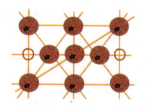

143.意外的礼物　从最外面的大盒子里拿出1块糖，放到里面最小的盒子里就可以了。

144.小城危机　如图所示的这样挂，周边的小城都可以看到该城处于危机之中。

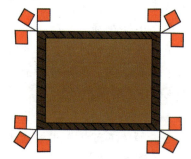

145.必胜的方法　A可以把一张纸牌先移到1中，B为了取胜肯定也会把一张纸牌放入1中，最后A就可以把最后一张纸牌放入1中压住B的纸牌，就可以胜利了。